阅读，认识你自己
Lege, temet nosce

OWL 猫头鹰

The Summing Up

毛姆
写作回忆录

[英]毛姆——著
W. SOMERSET MAUGHAM
陈苍多——译

四川文艺出版社

W. Somerset Maugham

William Somerset Maugham 1874—1965

·译序·

威廉·萨默塞特·毛姆（William Somerset Maugham），于1965年12月15日，在法国东南部尼斯的Anglo American医院里结束了他92岁的一生。

毛姆逝世，固然是“巨星的陨落”，但就他自己而言，在文学层面上，在生活层面上，想做的都已做到了，可以说是过了幸福的一生。我们该祝福他冥途平安。

他写过很多小说，也写过剧本。这期间，他当然曾经历过很大的辛劳。刚上小学便死别父母，在惨淡的学校生活中又得了肺病。先就读于医学校，到那篇描写贫民窟的小说《兰贝斯的丽莎》于1897年问世以后，他正式踏上了作家生活的旅程。

“我很穷，如果可以的话，我很想与躲在阁楼里啃面包干的生活告别。金钱对我来说，好像是能带来第六感的事物，没有它，其他五种感觉也不能充分地焕发激情。”——成功后，他回顾艰苦岁月，曾留下这样的名言。

他苦熬了十年，至1907年，不知道他的第几部作品在伦敦某个商业剧场上演了。自此一帆风顺，在剧作上获得成功，接着，他的小说也得到世人的认可。《人性的枷锁》《月亮和六便士》《寻欢作乐》等代表作接连出版，赢得了财富与声望。

毛姆绝不会说自己要为了艺术贡献一生这类话。提供给人们有趣味的话语文字，从而得到金钱的回报，让自己能过上舒适快乐的生活，能够如此，便是他一贯的态度。

自 1897 年他的处女作问世一直到今天，英国的文学思潮经过了种种变迁。出过高尔斯华绥、康拉德，随之而起的有乔伊斯、伍尔夫和劳伦斯，都曾名噪一时。在这后浪推前浪的过程中，毛姆一直置身事外，用他自己的方式，创作“可以攫取金钱的小说”。

他揭起通俗派的招牌，向那些自称或被称为艺术派的作家挑战，且并没有失败。因为他所写的东西，不仅仅是有趣的故事而已，而且有冷笑着（cynical）看穿人们内心的锐利目光。凡是接触到他作品的人，都深深地承认这一事实。

像他自己所宣称的一样，他把作品所得的巨额财富统统投资到人生的快乐上。虽曾一度结婚，却仅过了十一二年便结束了婚姻生活。他所过的，是痛痛快快、任性肆意的一生。

本书原名 *The Summing Up*，为毛姆一生写作生活的总结。毛姆曾宣称“艺术即生活”，读者读完本书，当可了解毛姆如何把文学艺术与生活连成一片，成为一个受人欢迎的小说家和戏剧家。

我在《巴黎的异乡人》[1] 译序里曾提到，毛姆并非简简单单讲故事的人。本书最后部分，他对真善美的论述，直如博古通今的

---

1. 即毛姆的长篇小说《圣诞假日》（*Christmas Holiday*）。

哲学家，其实很多理论却是平易而实用的，诸如，“美并非少数人才能享受的特权”，“信仰不一定求证明，以直觉去信仰即充足”，以及对观众组成分子的分析，皆深富哲理而易于为人接受。

对作家而言，此书可谓最精确的写作指南。毛姆指出，简单、清晰、谐和为写作三大标准。现代作家当可三思而行。

毛姆曾说过：“我对人性感兴趣到着迷的程度。我觉得，传达我对人性观点的最佳方法，就是讲故事。”此书正是这位身兼医生、旅行家、小说家、戏剧家多重身份的作家的现身说法，就如同一个惊人的魔术家亲授你表演令人着迷的魔术的方法，而毛姆所使用的道具却是对人性的透视而已。

毛姆的作品皆趣味盎然，几乎没有一篇让你读过之后会感到后悔的（晚年的短篇也许偶有例外）。各类长篇、短篇小说，还有剧作和随笔，都各有异趣。它们的趣味自何而来呢？第一是作者骨子里有着锐利而辛辣的、讽刺的人生观；第二是用毫无掩饰的、平易近人的文笔，把自己想说的话，简明率直地陈述出来。这两点，是谁都承认的，毛姆最大的特长。

这本书在 1938 年毛姆 64 岁时出版，以后再版多次，直至今日仍为读者所欢迎。64 岁的毛姆，作为一个剧作家，作为一个小说家，都已功成名就。到了这一阶段的毛姆，回顾自己的一生及作品，尚有应说而未说，或已说而言有未尽的，要把到此的一生总括地检讨，因此便有了这本书的诞生。

到这一年为止，毛姆所著的小说、剧作虽为数甚多，但随笔之类，除三二游记之外，几不得见。他的人生观或世界观当然在他的作品中随处可见，但有关人生各方面的问题，不受小说或戏剧的故事所拘束，能自由自在、言其所欲言地写下的，则以这本书肇其端。所以这本书，是把一直积压在心中的话，如堤之决口奔放而出，趣味十足且内容丰富，有着百读不厌的魅力。如果有人问我，要了解毛姆这个作家，以读他的什么作品为上时，我会毫不迟疑地回答，除了《人性的枷锁》《月亮和六便士》及其他二三长篇，加上《雨》《红毛》及其他四五短篇之外，这本随笔是绝对非读不可的。这本书对了解毛姆其人其事，对于文学研究，都是有益的读物。

要了解毛姆的为人，没有比这本书更方便的了，但同时，对想在批评毛姆方面有创新的人来说，这本书也是最大的阻碍。

据毛姆自己的告白，写这本书是“意在从久在我的心灵彷徨而搅乱我的心情的几个思绪中，获得心灵的解放之故”。也与写《人性的枷锁》一样，不是为了读者，是为自己而执笔的。这对经常以娱乐读者为前提的毛姆而言，不得不说是异乎寻常的。毛姆的文学中，不，更广泛地说，在所有关心人类的人中，很少能有这样趣味盎然的书了。用冷静的目光，观察自己和同类的人，论究真善美，谈论小说创作方法，确切地判断自己在英国文坛的地位，等等。凡是那些评论毛姆的人想说的话，他自己在这本书里都说到了。所有描写毛姆的文章，不管国内国外都大体相似，其最大原因便是有了这本 *The Summing Up* 存在之故吧。

全书共 77 章，不是有系统的，但在同一的主题下，间杂着叙述，内容梗概如下。

（1—5）属于序文的部分，执笔的动机及构想等。题名的由来。

（6—7）祖父的故事，父母的回忆。父亲具有罗曼蒂克的气质，喜欢旅行。母亲喜欢小说。

（8—10）毛姆的文章修业。独学自修，拟模仿佩特[1]、王尔德[2]、泰勒[3]的文体。研习斯威夫特[4]、德莱顿[5]、艾迪生[6]等的散文。

（11—14）文章论。考察简练、清晰、悦耳为文章之理想。主张应写读者容易了解的文章。

（15—17）人生观，世界观。为本书的重点。被人引用最多而出名的部分。人生仅有一次，主张应尽量发挥自己的能力，把人生交织成复杂而多彩多姿的图案。人类都是“伟大与卑微，善与恶，高洁与下流的混杂”，而且“同样的人中，存在着难以两立的几种要素，虽是这样，却表现得非常调和”。这是他对人的观察，被称为讽刺家的辩白——善人的善是理所当然的，在俨然

1. 瓦尔特 · 佩特（Walter Pater，1839—1894）：英国作家、批评家，著有《文艺复兴史研究》，提出“为艺术而艺术”的美学主张。

2. 奥斯卡 · 王尔德（Oscar Wilde，1854—1900）：英国作家、艺术家，以剧作、诗歌、童话和小说闻名，著有《道林 · 格雷的画像》《快乐王子》《夜莺与玫瑰》等作品。

3. 杰里米 · 泰勒（Jeremy Taylor，1613—1667）：英国主教和作家，被誉为“神学家中的莎士比亚”。

4. 乔纳森 · 斯威夫特（Jonathan Swift，1667—1745）：英国作家、政治家，代表作为《格列佛游记》。

5. 约翰 · 德莱顿（John Dryden，1631—1700）：英国诗人、剧作家、文学评论家，英国戏剧评论的鼻祖。

6. 约瑟夫 · 艾迪生（Joseph Addison，1672—1719）：英国散文家、诗人、剧作家和政治家，与好友理查德 · 斯蒂尔（Richard Steele）创办了两份著名的杂志《闲谈者》（*Tatler*）与《旁观者》（*Spectator*）。

的善人中发现恶觉得有趣，反之，在恶人中发现善会为之感动。这就是自己的倾向。

（18—21）说明自己人生观的确立过程，论述自小学时代至医学院学医的体验。作为医院门诊部的主管而触及赤裸的人生，知道了苦恼能使人卑微。在医学院里，他又学到人为自然科学的对象。

（22—23）作为一个人，作为一个作家的自我长处与短处的分析。没有社交性，不能引起对他人的强烈感情。明晰地有着论理的头脑，但缺乏想象力。

（24—27）读书论。反省青年时代仅因流行而醉心佩特与梅瑞狄斯[1]的作品。

（28—29）年轻时的旅行经验，德国、意大利的旅行。虽得到医师资格，但决心当作家而赴西班牙。有关外国语学习的事。

（30—42）自己剧作的回忆，戏剧论。从实验剧场转向大众剧场的经过。散文剧的界限，关于剧的思想。论演员和观众。

（43—45）《兰贝斯的丽莎》执笔的回忆。

（46—50）作家这个职业的优点和缺点。职业作家应有的心理准备。

（51—55）《人性的枷锁》执笔的动机。第一次世界大战中做间谍的体验，肺病的发作，后来到中国旅行的回忆。

---

1. 乔治·梅瑞狄斯（George Meredith，1828—1909）：英国维多利亚时代的诗人、小说家，代表作为长篇小说《利己主义者》（*The Egoist*）。

（56—62）文学论。《雨》执笔的回想，因而展开短篇小说论，强调开头、过程、结束的重要性。文坛上自己的地位，实验小说批判，批评的认识等。

（63—77）哲学论。自留学德国时听过库诺 · 费舍[1]的演讲后，对哲学产生颇大的兴趣，读过不计其数的哲学书，但没有发现一个在人生意义上能完全解除自己疑惑的哲学家。以为自己来写为最上策，亦曾做此准备，但直至今日都未能完成。毛姆自称这里所写的只是备忘录而已，所以是未经整理的，认真讨论唯物思想、唯心论、神与恶等问题为主题的论文。最后就真善美做结论说："善在这个现实世界上，本身是一个目的，至少是能够追求的唯一价值。"

本书翻译承蒙台湾清华大学吕辉雄先生帮助，特此致谢，译者才疏学浅，尚祈先生不吝指正。

1. 库诺 · 费舍（Kuno Fischer，1824—1907）：德国哲学家，著有《新哲学史》。

· 1 ·

这本书不是自传，也不是回忆录。我会用种种方式把一生里发生的各色事情表现在我的著作里。有时把自己所经历的事用作一篇作品的主题，为了给它加上血肉，就创造出一连串故事。采用偶尔相识或一直亲近交往的人们，作为我作品中角色的底子，更是常有的事。在我的作品中，事实与虚构错综复杂，现在回想起来，连我自己对这两者也无从区别了。纵使能想得出事实，我也没有兴趣再去记录。因为那些事实也已在别处善加利用了。不仅如此，那些事实本身也是毫无意义的。我的一生时有变化，有时也出现过有趣的场面，但并不是富于波澜的冒险生涯。同时，我的记忆力很差。有趣的话如不听第二次便记不得，便是听过两次，也在还没有机会告诉别人时就忘掉了。就是自己说过的笑话，也从来没有记住过，所以不得不经常讲些新笑话。因为这种无能，我知道人们很难喜欢与我交往。

我从来没有写过日记。现在想起来，在我以剧作家成名之后的那一年间，如果留下日记该多好。因为那时我曾碰到很多名流，如果记载下来，也许会是很有趣的记录。当时恰好贵族和地主阶级在南非洲造成纷扰事态，一般人民对这两个阶级的信心因此粉碎了。但贵族和地主阶级仍执迷不悟，依旧保持着过去的自信。我进出各地政治家的宅邸，听他们的口吻，仍然认为经营大英帝国是他们分内的事。例如在总选举迫在眉睫之际，听到他们谈汤姆是否该掌管内政部，或者狄克去爱尔兰应该可以心满意足之类的事，使我有一种微妙的感觉。我想，似乎没有人读过汉弗莱 · 沃德夫人[1]的小说，她的小说中有些作品，也许沉闷些，但我记得它们却把当时统治阶级的生活实态描绘得极为鲜明。当时的小说家，对于这一阶级仍寄以莫大的关心，连不认识贵族的作家，也以为有必要大大描写身居要位者的事迹。如果现在把当时的戏剧剧目拣出来看，发现登场人物中贵族之多，谁也会为之骇然的。戏院经理以为剧中的贵族能吸引观众，演员也乐于扮演贵族。但是，随着贵族政治势力的消退，大众对于他们的兴趣，也跟着走下坡路了。喜欢戏剧的人们，在舞台上看到富裕的商人，或医生、律师等与自己同阶级的人们开始担当国家大事，也渐渐地不以为怪了。没过多久，有一个不成文法的原则流行开了：有爵位的人除非在主题上有绝对的必要，不然不应该登上舞台。话虽这么说，却仍不能把大众的趣味引向下层阶级。小说也罢，戏剧也罢，凡是涉及这一阶级的，一般都被认为是污秽的。这一阶

---

1. 汉弗莱 · 沃德夫人（Mrs. Humphry Ward，1851—1920）：英国社会改革家、小说家，创办了伦敦第一所残疾儿童学校，是支持妇女接受高等教育运动的领导人之一。代表作为小说《罗伯特 · 埃尔斯密尔》（*Robert Elsmere*）（1888），描写了一位年轻的传教士因反对教堂的正统而出走的故事。

级既已获得了政治上的权力，那么一般大众对其生活是否会像他们长久对贵族生活，或曾经一时对富裕的布尔乔亚生活那般发生同样的兴趣呢？这倒是饶有趣味的问题。

这一时期，我曾碰到好几个人，就其阶级、声望或地位来说，都自认一定会变成历史性的人物。那种人一旦晤面，却并不如我幻想的那么优异。英国人是爱好政治的国民，我常被邀请到视政治为第一话题的家庭，但在那种地方所碰到的著名政治家，也见不到有什么特出的才能。我下了一个结论（也许失之轻率）：统治一个国家并不需要什么高超的智力。后来，在不同国家里，我又认识了很多居于高位的政治家，但我还是觉得他们头脑凡庸，而感到不胜疑惑。我发现他们对于人生中普通的问题只能说是无知，他们之中具有出挑智慧或活泼的想象力的，简直是凤毛麟角。曾有一时，我以为他们能跻身显职，唯一所赖的是他们能言善辩的才赋，因为我认为在民主主义社会中，不能控制大众的耳朵而能登上权力的地位，殆是不可能的。而且所谓言辩之才，如众所周知，并不常伴随有思想力。但我却看见并不怎么聪慧的政治家，处理国家大事而有了相当的成绩，于是我不得不承认自己的这种想法错了。看样子，要统治一个国家，一定是需要特殊的才赋的。而且这种特殊的才赋，虽然没有一般的能力也自会存在。以同样的方式，我又认识了一些财富万贯、企业兴隆的实业家，但他们对与自己事业无关的一切事情，却显得甚至连常识都没有。

我当时所听到的谈话，也没有我所期望的那么灵慧。话里很少有让你思索的成分。所谈的话显得平易不足奇（虽然也有例外)，尽是些轻松、悦人、皮毛的事物。严谨的话题不为他们所取，原因是他们感觉在大庭广众之下，谈那种话题令人难为情，又由于畏惧“专门”话题的心情，似乎谁对自己最感兴趣的事物，都加以保留而不宣之于口。就我的判断而言，谈话只不过停留在一种“有礼的打趣”状态，却又很少听到值得转述的警句。你可能会想，文化教养的唯一用途是使人能够堂皇地谈着废话。大致说来，我认识的人中，谈话最有趣且最能不断使人感到愉快的人，当推埃德蒙 · 戈斯[1]了。他读书虽不精，却读得很广，而且谈话极富才智。他有惊人的记忆力和敏锐的幽默感，而且还有恶毒的辩舌。他是斯温伯恩[2]生前的好友，谈起这位诗人来能使人神魂颠倒，但谈起绝对不可能直接认识的雪莱，也能像在谈论莫逆的好友一般。他跟知名人物已交往多年。我想他是一个虚荣的人，在观察那些名流的荒唐行径时，总要显得得意、心喜。我敢说，那些人物经过他的嘴巴，一定比实际更有趣味且可笑。

---

1. 埃德蒙 · 戈斯（Edmund Gosse，1849—1928）：英国诗人、作家，代表作有《父与子》（*Father and Son*）、《十八世纪文学史》（*A History of Eighteenth-Century Literature*）、《易卜生传》（*Life of Ibsen*）等。

2. 斯温伯恩（Swinburne，1837—1909）：英国维多利亚时期最重要的诗人之一。

· 2 ·

很多人心里总是想见见知名人物，我常怀疑这种人的热情。就算你能够告诉自己的朋友说，你认识许多有名的人物，但这样所得的威望，只不过证明你自身微不足道罢了。知名人物会发挥一种技巧，去应付所碰到的人。他们以令人印象深刻的面具，在人世间抛头露面，却很小心地隐藏起真正的自我。他们扮演着人们期望的角色，练习去扮演得很好，但是，如果你认为他们这种公开表演和内心的自我是一致的话，那你就是笨人了。

我爱慕，深深地爱慕着少数几个人，但我是对人的一般性感感兴趣，并不是为了他们本身，而是为了我的工作。我并不像康德所教我们的，去把每个人的本身看作一个目的，而是把他们看作对我写作潜在的材料。我对无名者的关心甚于对有名者的关注。无名者常常就是他们的本我。他们已经不再需要创造另一个人物来保护自己不受世界的威胁，或者使世界对他有印象。他们的特质更有机会在有限的活动范围内得到发展，既然他们从不在公众的视线中露面，也就不想要隐藏些什么。他们显露出怪癖，因为他们从没想到那是奇特的，而且作家必须应付的毕竟是普通人；国王、独裁者、商业富豪，以我们的观点看来，是令人无法满足的。写一些关于大人物的东西，对作家来说，是诱惑，也是一种冒险，但作家在这方面的失败，显示出这些人物太异常，不能为艺术作品的素材开辟出一个适当的园地。他们无法被作家塑造成真实的人物。平常人物是作家们较丰富的一片田园。他们的出人意料与独特性，以及无限的变化性能提供无尽的材料。伟大人物老是一整块，小人物才有非常矛盾的元素。小人物是汲取不尽的源泉，他们为你储藏的惊奇材料是无尽的。就我来讲，宁愿跟一个兽医，而不愿跟一个首相，在荒岛上度过一个月。

· 3 ·

在这本书里，我想整理出一些思考——生活中特别使我感到有趣的事物所引起的。但是我所得到的一些结论，却像汹涌的海洋里一条沉船上漂流的货物，在我的心中漂浮着。假如能把它们安排成某种顺序的话，我会更清楚地看到它们真正的面目，并且这样可能得到一种首尾的一贯性。我很久以前就想要这样做，并且不止一次地，每当我开始为期几个月的旅行时，就决定要着手去做。这些机会似乎再理想不过了，但我常常发现脑中充满印象，看到很多珍奇的事物，碰到很多刺激我想象的人物，以至我没时间去回想。短暂的经验是那么逼真，因此不能调节我的心情去下内省的功夫。

另一个阻止我下笔的原因是：我讨厌以自己的身份写出自己的思想。虽然我曾这样写了很多东西，但我是以一个小说家的身份写的，所以在某种意义上，能够把自己看作是故事里的一个角色。长久以来我已养成这样的习惯：在借着塑造的人物讲话时，感到比较舒服。我能更容易地决定他们所想的，但要决定自己所想的反而不容易。前者对我而言是一件愉快的事，后者却是一桩宁愿推托的苦差事。但现在我不能再推托了。年轻时，展现在一个人眼前的时光很长，使人们难以感受到他们曾消磨掉的那些时间。甚至在中年时，具有对那时生命的通常期望，也很容易找到借口去拖延那些应该做却不去做的事。但最后，必须考虑死亡的时间来临了。各个地方的同龄人相继离去。我们知道人都是会死的（苏格拉底是人，所以大家都一样），但这对我们来说只是一个逻辑的前提，一直到我们被迫去认识到，在事物进展的正常过程里，我们的终点可能离我们并不是很远了。偶尔看到《泰晤士报》的讣闻栏，暗示我六十多岁已经是对健康不利的年纪了。很久以来我就在想，死神可能会在我写完这本书之前驾到，所以最好马上动笔。这本书写完时，我才可以镇静地面对将来，因为那时我已完成了此生最重要的工作。我不能再对自己说，我还没准备好要写，因为假如我现在还没对重要的事下决心的话，那么以后就很少有可能再这样做了。我很高兴，最后终于把长久以来，偶然在我意识不同的层面浮动的一切思想都收集起来了。这些思想写下来之后，就会告一段落，而我的心就会自由地去思考其他事。因为我希望这不是最后一本书。一个人并不会在他写完遗嘱后就马上死去，人们写遗嘱是为了以防万一。安排好种种事务，是为了给无忧无虑地度过余生做良好的准备。我写完这本书后，就会明了我立身何处。那么在余生之年，我就可以按自己的选择做我要做的事了。

· 4 ·

不可避免地，在这本书里，我会说到很多以前说过的事，所以这本书我称为“总结”。法官总结一起案子时，会扼要地重述已经摆在陪审团面前的事实，并且评论辩护人的演讲。他并不提出新证据。既然我已经把全部的生命写进书里，那么很多必须说的自然就会在那些书里找到。所有在我兴趣范围内的题目，我都曾轻松或严肃地谈过。现在所能设法做的是，把我的感觉和意见结合成一幅连贯的图画，并且在书的各处更为详尽地陈述某些观念，这些观念由于受到小说和戏剧的体裁所限，以前我只能含蓄地表达。

这本书必定是以我自己为中心的。里面要写的，都是些对“我”重要的主题，是关于我自己的，因为我只能探讨影响到我的主题。但此书并不是关于我所作所为的记录。我不想剖析自己的心，反而要把我希望读者跟我达成的亲密关系加以限制。有些事情，我愿意保留我的秘密。没有一个人能说出他全部的真实事情。让那些试着向世界展露自己的人无法讲出全部真实的原因，一是虚荣心作祟，一是兴趣方向。他们对自己的失望，他们对自己能做出的自认为不正常的事的惊骇，都使他们过分强调那些自以为超乎寻常的事情。卢梭在他的《忏悔录》中，叙述了深深震惊人类情感的一些偶发事件。由于描写得太坦白，他的价值观显得虚伪，所以就在书里为这些偶发事件加上大于他生活里所具有的重要性。有很多很多其他善良的，或至少中庸的事情被他省略掉了，因为它们太平常了，似乎不值得被记录下来。有一种人，忽略了自己所有的良好行为，却为那些不良的行为所苦恼，这是最典型的经常写自己的人。他对自己的好品质视而不见，因此只把自己的脆弱、无节操和不道德展现出来。

·5·

我写这本书，是为了要使我的灵魂摆脱某些意念的困扰。这些意念在我的灵魂里徘徊得太久了，使我觉得不舒服。我并不想去说服任何人。我没有教导人家的本能，我在知晓一件事时，从没感觉到有传授给别人的欲望。人们是否赞同，我并不在意。当然，我认为自己是对的，不然的话，我不会那样去想。同时，当我认为人们错了，他们的错并不会使我恼怒。我发现自己的判断跟大多数人不同时，也不会感到不安。我对自己的直觉有一种信心。

我必须把自己当成一个重要人物来写。老实说，对我自己来讲，我是重要人物。我确实是我认为的世界上最重要的人，虽然我并没有忘记——我甚至不用考虑像“绝对”这样堂皇的概念，而只要从普通常识的观点出发就足够了——无论我对自己来说如何重要，我也只是一个无足轻重的人。假如我不存在的话，宇宙并不会有什么两样。虽然我写作的时候，好像必须赋予我的某些作品以某种意义，但我的意思却只是想说，这种意义只有当我有机会就我的作品参与任何讨论时才是重要的。我想，很少有严肃的作家（我的意思不仅是指写严肃事物的作家）能够对他们死后作品所遭遇的命运完全漠不关心。使人想起来感到舒服的，倒不是人们有可能达到不朽（文学典籍的保存，一般也就是几百年，不像教室这样的建筑物能有更长的生命力），而是一个人的作品有可能被后面几代人都有兴趣阅读，且在他祖国的文学史上占有一席之地，不论那地位有多么小。但我却是以怀疑主义的态度在审视这种合理的可能性。甚至在我的生命里，我也曾看到过，文学界有一些比我更名噪一时的作家落入默默无闻之境。我年轻时，乔治·梅瑞狄斯和托马斯·哈代似乎毫无疑问会永存不朽下去，但他们对今日的年轻人已经不再有那么重要的意义了。无可怀疑地，有时会有批评家找个题目写一篇有关他们的文章，从而引起各地的读者到图书馆去借一两本他们写的小说，但我想，很显然，他们两个人都没写出像《格列佛游记》《项狄传》《汤姆·琼斯》那样为人们所嗜读的书。

在下面各章里，我也许会独断地表达我的想法。这只是因为，我觉得在每个词句前饰以“我想”或者“我认为”，会令人感到厌烦。我所说的每件事都只是我的意见而已，读者可以接受，也可以舍弃。假如你们有耐心去读下列各章节的话，就会看到，我只对一件事感到确定，那就是——人们能确定的事是很少的。

· 6 ·

我开始写作时，觉得写作好像是世界上最自然不过的事情。我喜欢写作，就像鸭子喜欢水一样。我从没适应过“成为作家”所带给我的惊奇；除了一种不可抗拒的倾向外，似乎没有理由使我变成一个作家，而我不知道这种倾向为什么在我体内产生。因为在一个多世纪长的时间里，我的家族都在从事法律工作。依据《英国人物传记辞典》记载，我的祖父是联合法律协会的两个创办人之一，大英博物馆的图书馆目录中有一长列他的法律作品。他只写了一本不属于法律类别的书。那是一本散文集，里面的文章都是他投给当时的严肃杂志的，他把这散文集匿名出版，以符合他的身份。以前我手头有一本，是用小牛皮纸装订的，很好看，但是我从没读过，后来也没有保留下来。我希望有一本，因为我也许能从那本书里知道他是个什么样的人。他住在大法官巷很多年，因为他是自己所创的联合法律协会的秘书。他退休后住在肯辛顿三角地一间俯瞰海德公园的房子里。有人送给他一个托盘、一套茶器和咖啡器，以及一个银果碟，这些都特别大，非常华美，这些器具后来成了子孙们的拖累。一位年长的律师——我从小便认识他——告诉我，在他做实习生时，有一次受邀和我祖父一起吃饭，我祖父切着牛肉，一个仆人递给他一盘连皮烤熟的马铃薯。世上很少有其他东西能比皮上涂着大量牛油、辣椒和盐的马铃薯更好吃的了，但我的祖父显然并不这么认为。他从桌首的椅子上站起来，从盘子里把马铃薯一个个拿出来，往墙上的每幅画丢去。然后，一声不响地又坐下来，继续吃他的饭。我问这位律师朋友，这种行为对其他人有什么样的影响。他告诉我说，没有人在意这个。他还告诉我说，我的祖父是他所见过的最丑而且矮小的男人。我有一次到大法官巷的联合法律协会的大楼里，想亲眼去看看是否真的那么丑，因为那儿有一张他的画像。假如那位老绅士说的话是真的，那么画家一定是大大地奉承了我祖父：画家赐给他黑色眉毛下一双好看的眼睛，眼神里有一抹微弱的讽刺的光芒，他还有坚硬的下巴、笔直的鼻子以及两片噘起的嘴唇。黑色的头发被风吹得跟安尼塔 · 卢斯小姐[1]的发型一样，乱得恰到好处。他正握着一支鹅毛笔，身旁有一堆无疑是他自己的书。尽管他穿着黑色的上衣，但并没有我期望的那样令人肃然起敬，反而有一点淘气的样子。很多年以前，我在销毁他一个儿子（我那已死的叔父）的文件时，发现了一本日记，是我的祖父年轻时，19 世纪初期到法国、德国和瑞士从事那种“小旅行”时写的；我记得当他描写沙夫豪森[2]并不怎么动人的莱茵瀑布时，在日记里

---

1. 安尼塔 · 卢斯（Anita Loos，1888—1981）：美国编剧、演员。

2. 沙夫豪森（Schaffhausen）：瑞士北部城市，位于莱茵河岸边，城西南3千米处有莱茵瀑布。

感谢全能的上帝，说上帝创造了“如此惊人的瀑布”，让他这样“可怜的生物，有机会在与上帝奇迹般的伟大杰作比较时，认识到自身的微不足道”。

· 7 ·

双亲在我很小的时候就去世了。母亲在我八岁，父亲在我十岁时相继离世，所以除了道听途说外，我对他们知之甚少。我的父亲去了巴黎，成为英国大使馆的律师，其原因我不知道。他的办公室就在大使馆对面的圣奥诺雷街，他却住在当时名为德安丁街的街上。那是从圆点广场延伸来的一条宽广街道，两旁种有栗子树。他在当时算是一个了不起的旅行家了，曾经到过土耳其、希腊和小亚细亚，并且在摩洛哥时最远去过菲斯[1]，那地方当时很少有人去过。他有大量的旅行类藏书，而在德安丁街的公寓里也摆满了他从各地带回来的东西，比如塔纳格拉小雕像、罗得岛纪念品，以及刀柄上镶着大量银饰的土耳其短刀。他四十岁时跟我母亲结婚，母亲比他年轻二十多岁[2]。她是一个很美的女人，而他

---

1. 菲斯（Fez）：摩洛哥历史文化名城。

2. 毛姆的自述可能不准确，据赛琳娜·黑斯廷斯（Selina Hasting）和特德·摩根（Ted Morgan）的《毛姆传》，他父母的年龄差距应该不足二十岁，为十六岁或十七岁。

却是一个很丑的男人。我曾听说，他们在那时的巴黎以“美人与野兽”闻名。她的父亲是军人，死于印度，而遗下的寡妇，我的外祖母，浪费了一大笔财产后，就在法国定居下来，靠她的养老金过活。我觉得她是一个有人格魅力的女人，并且可能是一个有才情的女人，因为她用法文写过“给年轻女孩看的小说”[1]，并且为客厅小调作过曲。我很喜欢想象她的小说和小调被奥克塔夫·弗耶[2]笔下生长于名门的女主角所读所唱的样子。我有一张她的小相片，一个中年女人，穿着衬裙，眼睛很好看，脸上有一种愉悦的表情。我的母亲体格娇小，有一双棕色的大眼睛，头发是浓艳的金红色，五官优美，皮肤白里透红，很令人仰慕。她的好友安格尔西女士不久前以高寿辞世，这位美国女人曾告诉我，有一次她问我母亲：“你这样美丽，有这么多人爱着你，为什么你要对下嫁的那个又丑又小的男人那么忠实？”我母亲答道：“他从没伤害过我的感情。”

我只见过一封母亲写的信，是在叔父死后，我整理他的文件时发现的。叔父是一个牧师，我母亲要他做她儿子的教父。她很简单而虔诚地表示，希望由于他的神圣职业，使教父的关系对新诞生的孩子有一种影响力，使他长大成为一个好人，一个敬畏上帝的人。母亲是一个很优秀的小说读者，在德安丁街公寓的桌球

1. 此处原文为法语 pour jeunes filles。

2. 奥克塔夫·弗耶（Octave Feuillet，1821—1890）：法国小说家、剧作家。

房里有两个大书橱，摆满了陶赫尼茨[1]版的书。她患有肺病，我记得曾有成排的驴子停在门口，来供应她吃驴奶，当时的人普遍认为这种奶有益肺病。夏天时，我们通常住在多维尔[2]的一栋房子里，多维尔那时并不是个很时髦的地方，而是一个小渔村，因为风头正盛的特鲁维尔而失去了光彩。母亲去世前，我们在波城[3]过冬。有一次，我想是在肺出血之后，她躺在床上，知道自己活不久了，想到儿子们长大后可能会不记得她在世时的样子，就让女仆给她穿上一件白缎做的晚礼服，然后到照相师那儿去照了相。她有六个儿子，最后死于生产。那时的医生有一个理论：怀孕对患肺病的人有益处。她死时三十八岁。

我母亲死后，她的女仆变成我的保姆。一直到那时，都是法国保姆在照顾我，我年纪还小时就被送到法国学校，我对英文当然知道得很少。听说有一次在车厢窗外看到一匹马，我就叫起来："Regardez，Maman，voilà un'orse.[4]"

我想我的父亲是个有罗曼蒂克心态的人。他想着要建一栋避暑的房子，就在叙雷讷一座小山的山顶买了块地。那里可以俯瞰壮美的平原景色，而远处就是巴黎。有一条路通往河边，河边有

---

1. 陶赫尼茨（Tauchnitz）：德国老牌印刷出版商，由陶赫尼茨父子共同创立，1796 年在莱比锡开办印刷厂，以印刷出版古典文学作品著称。

2. 多维尔（Deauville）：与下文的特鲁维尔（Trouville）都是法国海滨城市，两城分别位于图克河（Touques）左右。

3. 波城（Pau）：法国西南部城市，避寒胜地。

4. 这句法语意为："看呀，妈妈，一匹马。"

一个小乡村。房子建好后，就像是位于博斯普鲁斯海峡[1]的别墅，顶层围绕着凉廊[2]。每个星期日，我都要跟他坐着平底游览船，沿塞纳河到那儿去看看房子的进展情况。屋顶盖好时，父亲买了一副复古式的火钩装在上面。他订购了大量玻璃，并且刻上一种反“凶眼”[3]的记号，这种记号是他在摩洛哥发现的，读者在本书封面上也能看到[4]。屋子是白色的，百叶窗漆成红色。花园设计好了，房间也布置好了，然后我的父亲死了。

---

1. 博斯普鲁斯海峡（Bosphorus）：又称伊斯坦布尔海峡，北连黑海，南通马尔马拉海和地中海，把土耳其分隔成亚洲和欧洲两部分。

2. 凉廊（loggias）：建筑物外独立有顶的通道，有遮阳、避雨、小憩等功能。

3. 凶眼（Evil Eye）：据说源自土耳其或希腊，也可能源自吉卜赛人的巫术，传言会给人带来厄运。

4. 此处指英文原版封面。

· 8 ·

我从法国学校被带回，每天到大使馆附属教堂的英国牧师房间里做功课。牧师教我读英文的方法，是大声朗读《标准报》里治安法庭的消息。在巴黎与加来之间的火车里发生过一桩谋杀案，我还记得自己在朗读此案的可怕细节时心中产生的恐惧感。那时我应该已经九岁了。很长时间以来，我对英文的发音都感到不确定，而我一直不会忘记，在预备学校读“变化无常”（unstable as water）这个成语时，把 unstable 读得好像跟 Dunstable 押韵一般，结果大家爆出笑声，我脸都红了。

我一生中上过的英文课不会超过两次，虽然我在学校写过散文，但并不记得曾经接受过什么教导（例如怎样把句子组织在一起）。我所上的那两次英文课在生命中来得太迟了，恐怕不能抱着太大的希望能从中得到益处。第一次只是几年以前。我当时打算在伦敦住上几个星期，并且请了一位年轻女人做我的临时秘书。她表情羞怯，很漂亮，跟一个已婚男人沉醉于爱河之中。我已经写了一本名为《寻欢作乐》的小说，打字稿在一个星期六的上午送到了，我问她能否帮忙把文稿带回家，利用星期天的时间改正其中的错误。我的意思只是要她记下打字的人可能会犯的拼写错误，以及指出不容易辨认的字迹所引起的录入错误。但她是一个耿直的年轻女人，没有完全理解我的意思。星期一她带来打字原稿，上面附了四大页纸的错误改正。我必须承认，第一眼看到时，我有一点发躁，但接着又想，不去蒙受（假如能够的话）她的辛苦和麻烦带给我的好处，那我就是笨蛋，所以我就坐下来检视了一番。我想这年轻女人曾在秘书学院里学习过，她是在用老师看她的文章时所用的那种方法，来看我的小说。四张整齐的大纸上画着满满当当的记号，显得尖锐而严厉。我禁不住要推测，那所秘书学院里的英语教授绝不马虎。他画一条线，事情就这么决定了，他不允许人家对任何事情有不同的意见。他的高足绝对不让人家在句子尾巴上拖着一个介词。标记里的叹号表示她不赞成用俚俗成语。她觉得你不应该在同一页里两次使用同一个词，她每次都会安排一个同义语来代替。假如我放任自己，不加节制地写出有十行字的长句时，她就写道：“要写清楚一点儿。最好把它分成两句话或更多句子。”当我用一个分号表示出愉快的停顿时，她就写道：“用句号。”假如我冒险用了冒号，她就尖刻地写道：“迂腐。”但最严厉的笔调还是她对那些我认为很好的笑话的批评：“你能确保你写的都是实际情况吗？”一切的一切，都让我不得不得出这样的结论——她学校里的教授不会给我很高的分数。

第二次英文课是一个既聪明又迷人的大学老师为我上的。我在修改另一部作品的打字稿时，他刚好跟我在一起。他心意够好，主动请求要读我的原稿。我犹豫了，因为他是以一种人们难以达到的“特优标准”来做出评判的。而且，虽然我知道他对伊丽莎白时代的文学有高超的造诣，但他对《艾斯特 · 瓦特斯》[1]的过度推崇，却使我怀疑他对我们当今作品的辨别力。凡是对19世纪的法国小说有深入了解的人，都不会把那部作品看得那样有价值。但我急着要使我的作品尽可能达到完美的境地，并且我也希望借着他的批评得到教益。他的批评事实上是宽大的，这些批评让我特别感兴趣的是，我推断他就是用这种方法在批改大学生作文。我想，我这位大学老师朋友有一种语言天赋，语言就是他耕耘的事业，我认为他有着完美无瑕的品味。他对单个词语力量的坚持让我大感意外。他对较有力的词语的喜好胜过对悦耳词语的喜爱。譬如，我写到一尊雕像要“放在”某一个广场上时，他就建议说，我应该这样写：雕像“站在”……我没有那样做，因为我不喜欢 statue will stand 这种押头韵的感觉。我也注意到，他有一种想法：词语不仅应该用来平衡一个句子，也应该用来平衡一个观念。这个道理是对的，因为观念如果表达得过于唐突的话，就会失去效果，但观念的表达牵涉“精巧”这个问题，又很可能导致措辞的累赘冗长。谈到这儿，有关舞台对话的知识应该会有帮助。演员有时会对作者说：“在这段话里，你不能再多给我加一两个词吗？假如我不多说点什么，这句台词似乎啥意思都没有了。”我在倾听那位大学教师的话时，禁不住想：假如我在

1. 《艾斯特 · 瓦特斯》（*Esther Waters*）：爱尔兰作家乔治 · 莫尔（George Moore，1852—1933）的小说。

年轻时就得到过这样明智、博识而诚挚的忠告，现在我该写得多好啊。

· 9 ·

实际上，我必须自己教导自己。我细心看过我年轻时写的一些故事，以便发现我的自然资质，也就是我原来的“存货”，在我小心加以发展之前是怎样的状况。我的文风里有一种或许已经被岁月消磨掉的自大，还有一种暴躁，这是天性里的缺点。但现在我只谈表达我自己意思的方式。我认为自己似乎天生就有清晰的思路，还有一种能写出简易对白的诀窍。

亨利 · 阿瑟 · 琼斯[1]，当时的一位著名剧作家，读到我的第一本小说时，告诉一个朋友说，我应该会成为最成功的戏剧家之一。我想，他在我的小说里看到了一种特质——直截了当，而且我会用有效的方式去表现情景，而情景又能产生戏剧感。我使用的语言是平常的语言，我的词汇量有限，我的文法不够严谨，而我的遣词造句也很老套，但写作对于我似乎就像呼吸那么自然，我不会停下来考虑自己写得好还是写得坏。一直到数年之后，我

1. 亨利 · 阿瑟 · 琼斯（Henry Arthur Jones，1851—1929）：英国戏剧家。

才意识到，写作是一种必须辛苦获得的精致艺术。我把意思写在纸上时发现了困难，因此我才被迫承认这一点。我流利地写着对话，但一碰到描写时，我却发现困难重重。我会为自己无法处理好的两三个句子挣扎几个小时。我下决心要学会如何写作。不幸的是，我找不到人帮我。我犯了很多错误。假如我有一个像刚才提到的迷人的大学老师来指导我的话，可能会节省很多时间。这样一个人可能会告诉我，我所拥有的天赋存在于一个方向，我必须朝那个方向培育才华。试着去做我没有天赋的事，到底是无用的。但那时候推崇的却是华丽的散文，作家借着镶金嵌玉的词组和因奇异的形容词而变得生硬的句子，去寻求结构的丰盛。理想的文章是一块锦缎，因为密织着黄金线条，以至于能独自挺立起来。有智识的年轻人热心地读着瓦尔特·佩特的作品。我的常识告诉我，那是贫血的东西。在那些精巧、优美的流利文章之后，我感受到了疲倦、苍白的人性。我年轻、强壮而有精力，我要新鲜的空气、行动和力量，而我发现很难去呼吸那死寂、沉重的馥郁空气，去坐在以高于耳语的声音谈话就显得不合礼节的静寂房间里。但是我没有遵从我的常识。我劝自己说，这是文明的高峰，因此对外面的世界不屑一顾，尽管人们在那儿叫喊、装傻、狎妓和买醉。我读《意图》和《道林·格雷的画像》，那些浓密地点缀于《莎乐美》中的奇妙字眼，其色彩与珍奇让我沉醉。[1]我震惊于自己词汇的贫乏，于是就带着笔和纸到大英博物馆，记下奇珍异宝的名字、古代珐琅的拜占庭式颜色、丝织品带给肉体的感觉，并且造出精巧的句子以容纳这些词语。幸运的是，我从没发现有使用这些词语的机会，它们现在还蛰伏在一个旧笔记本里，准备给任何有心想写废话的人使用。那时大家普遍认为钦定本《圣经》是英语历史上最伟大的散文作品。我辛勤地读着《圣经》，特别是《雅歌》，记下打动我内心的语句，把不平凡或者美丽的字眼列表记录下来，以便将来查用。我读杰里米 · 泰勒的《神圣的生与死》。为了模仿他的文风，我抄下整段整段文章，然后再试着用记忆把它们默写出来。

这种劳动的第一件成果是一本小书，是关于安达卢西亚[2]的，叫《圣母乐土》(*The Land of the Blessed Virgin*)。前几天我还读到它的一部分。我现在比那时更加了解安达卢西亚这地方，并且对我写的很多东西也改变了想法。这本书在美国一直都有销量，因此我想到，可能值得对这本书做一次修订。不久后，我看出这是不可能的事。这本书像是一个我已经完全不记得的人写的。这让我感到厌倦，而且心神紊乱。但我关心的是散文本身，因为我写这本书是当作一种文体的练习。这是一本富于隐喻、令人沉思的精致小书，既无先例可循，亦非贸然之作。这本书散发出温室植

---

1. 《意图》(*Intentions*),《道林 · 格雷的画像》(*The Picture of Dorian Gray*)和《莎乐美》(*Salome*)均为英国作家奥斯卡 · 王尔德的作品。

2. 安达卢西亚(Andalusia)：位于西班牙南部的自治区。

物和周日晚餐的味道，就像是贝斯沃特[1]一栋大房子里通往餐厅的花房里的味道一样。书里有很多富于韵律的形容词，用的都是感伤的词语。它不会让人想起有着繁复黄金图案的意大利锦缎，而会使人想起一件由伯恩 · 琼斯[2]设计，由莫里斯[3]复制的窗帘料子。

1. 贝斯沃特（Bayswater）：地名，位于英国伦敦。

2. 爱德华 · 伯恩 - 琼斯（Edward Burne-Jones，1833—1898）：英国画家、图书插画家、彩色玻璃和马赛克设计师。其作品是当时统治英格兰的浪漫主义流派的代表。

3. 威廉 · 莫里斯（William Morris，1834—1896）：英国诗人、小说家、设计师、出版商，与伯恩 · 琼斯是好友，曾用伯恩 · 琼斯的画稿设计制作过漂亮的绒毯。

· 10 ·

我不知道，是“这种作品与我的本性背道而驰”的潜意识的想法，或者是一种天生讲求方法的脾性，让我把注意力转向了奥古斯都时期[1]的作家。斯威夫特的散文迷住了我，我坚决认为，他的散文是写作最完美的方式，我用之前研读杰里米 · 泰勒的方式来研读他的散文。我选择了《澡盆故事》（*The Tale of a Tub*）。据说这位地方主教在晚年重读这篇故事时，曾叫道：“那时我多有天才呀！”我认为，他的天才在其他作品里表现得更明显。这篇故事是一则令人厌倦的寓言，有着温和的讽刺，不过其体裁却令人佩服。我无法想象还有别人的英文写作能写得比他更好。在这里，我们看不到辞藻华丽的段落、令人叫绝的措辞变化，或者夸张的意象。那是一篇高品位的散文，自然谨慎且直截

1. 奥古斯都时期（Augustan Period）：也称为“文艺全盛时期”，时间跨度为 17 世纪末到 18 世纪初期，这一时期的作家推崇古希腊罗马时期的文学，代表人物有约翰 · 德莱顿（John Dryden）、亚历山大 · 蒲柏（Alexander Pope）和乔纳森 · 斯威夫特（Jonathan Swift）等。

了当。里头看不到有借夸张的词句使人惊奇的企图。看上去，斯威夫特使用的好像都是他想到的第一个词，但因为他有敏锐且富于逻辑的头脑，所以那个词总是最正确的，并且被放在最合适的位置。他的句子里那种力量和平衡，来自一种奇妙的审美力。我像以前一样，抄下他的文章，然后试着凭借记忆把它们默写出来。我试着去改变用词，或改变词语的排列顺序，但我发现，最合适的正是斯威夫特所使用的那些词，而他所排列的顺序是唯一可能的顺序。那真是一篇毫无瑕疵的散文。

但“完美”有一个严重的缺点：容易变得索然无味。斯威夫特的散文像一条以白杨为界的法国运河，流过一个优美而地势起伏的国家。其幽静的魅力使你充满了自足的感觉，但既不能激发你的感情，也不能刺激你的想象。你爱不释手地读下去，可是立刻就有点厌倦了。所以，你虽然可能很钦佩斯威夫特的绝对清晰、简洁精练、浑然天成、毫不做作，但是你会发现，你的注意力很快就游移不定了，除非他的故事题材特别使你感兴趣。我那时想，假如我再有时间的话，我要像研究斯威夫特一样，精细地研读德莱顿的散文。但等到我碰到他的作品时，我已失去了这样下苦功夫的习惯。德莱顿的散文趣味盎然，没有斯威夫特的完美，也没有艾迪生的平易优雅，但它有一种春日的欢悦之情，一种对话似的平易，一种使人着迷的愉快自然。德莱顿是一个很好的诗人，但一般人并不认为他有一种抒情的特质。奇怪的是，在他温柔地迸发着火花的散文里，正是这种特质在歌唱。英国人以前从没像那样写过散文；在他以后，也很少有人像那样写过。德莱顿活跃在一个很有幸福感的时期。他骨子里存有詹姆士一世时代语言的洪亮流利和文辞的繁复厚重，他还从法文里学到了敏捷和优雅的言辞，在法文巧妙的影响下，他把这种语言转变成一种工具，这工具不仅适合严肃的主题，同时也适合表达短暂时刻的轻松思想。他是第一个洛可可艺术家[1]。假如斯威夫特使你想起一条法国的运河，那么德莱顿就会让人想起一条英国的河流，欢乐地沿着小山蜿蜒，穿过静静忙碌着的城镇，紧挨着村庄流过，在一处宏伟的河段暂停下来，然后，强而有力地穿过一片山野林地。它充满生机，富于变化，迎风前行，有着令人愉快的英国式的户外空气的味道。

我所做的工作确实对我有好处。我开始写得更好了，不过还是不够好。我写得很生硬，而且带着自我意识。我试着在句子中加进某种模式，但并没有注意到这种模式过于明显。我注意如何去遣词造句，但并没有考虑到，18 世纪初期显得自然的词句，在我们世纪的初期，却是最不自然的。我要以斯威夫特的方式去写作的企图，结果却让我最不可能达到那种必然正确的效果，而那正是他的作品里我最钦佩的一点。后来，我写了很多剧本，除了对白外，我心中不再考虑别的。直到五年后，我才又开始写一本小说。那时我不再有成为文学家的野心了。我把有关“完美写作”的想法丢开。我写的时候不摆语言架子，只是尽可能以赤裸的心和不做作的态度去写作。我要表达的很多，不能浪费我的

1. 洛可可（Rococo）艺术：18 世纪产生于法国，遍及欧洲的一种艺术风格，具有轻快、精致、细腻、繁复等特点，其形成过程受到东亚艺术的影响，被广泛应用于建筑、绘画、文学、音乐等艺术领域。

词句。我只想把事实记录下来，我给自己定了一个不可能的目标：完全不用形容词。我想，假如你能发现其他恰当的词语，那么限定性质的形容词就可以省略了。就如我曾在预想中见到的那样，我的书变得像是一封特别长的电报。在这封电报里，为了节约起见，每个对于清楚地表达意思和情感所不必要的词，都被省去了。我改正了校样后就没有再读，我不知道这种尝试离自己的目标还有多远。我的印象是，至少比我以前写得更自然了，但我也知道，有些写得潦草而疏漏，我敢说，里头会有很多文法上的错误。

从那时起，我写了很多其他书；虽然不再去系统地研读前辈名家的作品（因为，虽然精神上情愿，肉体上却是衰弱不堪），但我还是更加勤奋，想要写得好一点。我发现我能力有限，我想，唯一的明智之举是在能力范围之内，把目标设定在我所能到达的最优越的境地。我知道我没有抒情的特质。我懂的词汇很少，我努力去扩大词汇存储量，但没多大用。我几乎没有隐喻的才能，也很少写出打动人的明喻。诗意的奔放和伟大的想象，也都超出了我的写作能力范围。我钦佩别人身上有这些天赋，就像我钦佩他们那些牵强的比喻，以及用来包裹他们思想的，虽然不自然但富于暗示的语言一样。不过我自己的创作能力，无法表达出这种“修饰润色”过的感觉。我倦于尝试不容易成功的事。另外，我有敏锐的观察力，我认为自己能看到很多人看不到的东西。我能以清晰的词句写下我看到的事物。我在逻辑上富于感受力，哪怕我对词句的丰富和奇异没什么了不起的感觉，无论怎样，我对词句的声音有一种生动的鉴赏力。我知道我不会写得如同我希望的那样好，但我认为，经过努力，我能达到在天性的缺点限制下所能达到的最高境地。我想，我必须朝着“清晰”“简练”“悦耳”的目标努力。这三个特质是按照我认为的重要性依序排列的。

· 11 ·

对于那些需要读者花一番工夫去了解其作品意义的作家，我感到很不耐烦。你只要读读伟大哲学家的作品，就可以看到，清晰地表达最精巧的思想并非不可能。你可能会发现，要了解休谟[1]的思想是难事，假如你没有受过哲学训练，其中的含义无疑会逃过你的注意力，但是每一个受过教育的人都能确切地了解每个句子的意义。很少有人写过比贝克莱[2]更优美的英文。在作家中可以发现两种情形的晦涩。一种晦涩的情形是，人们时常写着暧昧的文章，因为他们从不费心去学习清晰地写作。你经常可以在现代的哲学家、科学家，甚至文学批评家的作品里，发现这种晦涩。这实在是奇事。你会想：那些以研究伟大的文学大师为生的人，一定会对语言之美有足够的敏感，纵然不会写得美丽，至

1. 大卫·休谟（David Hume，1711—1776）：英国哲学家、经济学家、历史学家，其思想受下文的贝克莱影响很深。

2. 乔治·贝克莱（George Berkeley，1685—1753）：英国近代经验主义哲学家、主观唯心主义的创始人。

少也会写得清晰。然而，你却在他们的作品中发现很多你必须读两次才能懂的句子。你经常只有猜的份儿，因为那些作家显然没有说出他们想要说的意思。

另外一种晦涩的情形是，作家对他自己的意思也不十分明确。他对他想要说的，只有一个模糊的印象，要么由于心智的不足，要么由于懒惰，他并没有在心里确切地形成想要表达的意思，而很自然地，他也无法给这些混乱的思绪找到恰当的措辞了。这主要归咎于下面这个事实：很多作家不是在写作前，而是在写作时才展开思考，要从笔端催生思想。这样就会有下面这些不足之处——这也是作家必须常常防备的危险：这样写下来的文字里有一种魔术。观念借着一种可呈现的介质而获得意义，然后妨碍了自身的清晰。但这种晦涩很容易并入有意为之的那一类。一些思想不清晰的作家容易认为，他们的思想具有比第一眼所见的更加伟大的意义。他们得意地相信，其思想太过深奥，因此不能清晰地表现出来，让所有人都能读懂。因此自然地，这样的作家就没想到，这错误是由于他们自己的头脑没有确切表达的能力。在这种情形下，文字里的魔术又开始起作用了。一般人容易对自己说：那个大家不十分了解的词语，可能包含着比他们所认识到的更多的意思。如此一来，就容易变成一种习惯，人们开始把自己的印象停留在原来的模糊记忆里。常有笨人会在自己身上发现某种隐藏的含义。

故意的晦涩还有另一种——假冒贵族气质，以唯我独尊的形式表现出来。作者把他的意思笼罩于神秘气氛中，不使粗俗参与其内。他的灵魂是一个秘密的花园，上帝的选民只能在克服了很多危险的障碍后，才能登堂入室。但这种晦涩不仅是虚饰的，也是浅薄的。因为时间会为这种晦涩制造一个奇异的恶作剧。假如意义低下的话，时间就使它沦为一种无意义的繁冗之作，使人们不想去读。那些被阿波利奈尔[1]的文风所引诱的法国作家，其著作就遭受了这种命运。但这种晦涩偶尔也会露出一线尖锐的冷光，照射在似乎深奥的作品上，而揭露出一个事实：这种扭曲的语言下，只不过隐藏着一些很普通的意念。马拉美[2]的诗现在很少有不清楚的了，人们一定会注意到：他的思想非常缺少独创性，他的一些词语显得美丽，而其诗作的题材却是那个时代的陈词滥调。

---

1. 纪尧姆·阿波利奈尔（Guillaume Apollinaire，1880—1918）：法国诗人。除诗歌创作外，还写剧本、小说和文艺评论。剧作《蒂雷西亚的乳房》被视为超现实主义的开山之作。

2. 斯特凡·马拉美（Stéphane Mallarmé，1842—1898）：法国象征主义诗人和散文家。

· 12 ·

“简练”并不像“清晰”那样是一种明显的优点。我朝着“简练”的目标努力，因为我没有表现“丰富”的才能。我适度地钦佩别人的“丰富”，虽然发现这种“丰富”令我难以消化。我能带着快乐的心情去读一页拉斯金[1]的文章，但是读了二十页就厌倦了。滚动的句子、庄严的形容词、富于诗意联想的名词和赋予句子重量和华丽的附属从句，犹如大海里追浪逐波般壮观。无疑地，在所有这些词句里面，都存有某种启发性的成分。这样被串联起来的词语，像音乐般传进耳朵里。其所诉诸的是美感，而非智性，而声音之美很容易让你下结论说，你不需要为词语的意思费心。但词语是独断的，它们为其自身的意思而存在，假如你不去注意这些的话，你就什么都注意不到了。你的心游移不定。这种写作需要一个适合的主题。以庄丽的文体写微不足道的

1. 约翰·拉斯金（John Ruskin，1819—1900）：英国作家、艺术家、艺术评论家，同时也是哲学家、教师和业余的地质学家。

东西，显然不合适。以这样的方式写作的人中，没人比托马斯·布朗爵士[1]更成功了，但他也并非总能越过这个陷阱。在《瓮葬》的最后一章中，其主题（即人类的命运）和语言的异样光彩美妙地结合在一起。这位来自诺维奇的医生，写出了一篇文学史上空前绝后的散文作品。但当他以同样华美的方式描写他发现瓮的情形时，其效果——就我的品味而言，却没那么令人感到愉快了。当一个现代作家用夸张的笔墨向你描述，一个小妓女是否要跟一个普通的年轻人跳上床时，你当然要感到恶心。

但是，“丰富”并非每个人都具有的才赋，“简练”其实也绝不是天生就能达到的境地。要达到“简练”的境界，需要有严格的纪律。就我所知，英语是唯一这样的语言：我们需要为有着绚烂字句的散文加上一个名目。其实并不需要这样做，除非散文具有某种特质。英国散文精巧但不简单，但也并非一直如此。没有比莎士比亚的散文更地道、更直接和更生动的了。但是，要记得：那些是写来给人念的对白。假如像高乃依[2]一样，莎士比亚也为他自己的剧本写序的话，我们不知道他会怎么写，可能会写得像伊丽莎白皇后的信件那般浮华。但是较早的散文，比如托马

---

1. 托马斯·布朗（Sir Thomas Browne，1605—1682）：英国医师和作家，代表作有《医生的宗教》《瓮葬》等。

2. 高乃依（Pierre Corneille，1606—1684）：法国古典主义悲剧的代表作家。

斯·莫尔爵士[1]的散文，却既不繁冗华丽，也没有演说腔调，他的散文有英国泥土的气息。我认为，钦定本《圣经》对英国散文有许多不利的影响。我不会愚笨到去否认《圣经》里有伟大的美感。《圣经》虽庄严，却是一本东方式的书。其中的异国形象跟我们无关。那些夸张的话语，那些让人感官愉悦的比喻，对我们的天性来说是陌生的。我禁不住想：英国脱离罗马教会，给我们国家的精神生活带来了很大的不幸，因为长久以来，《圣经》成了我国人民每天的，对很多人来说，还是唯一的读物。那些韵律、那些有力的词汇、那些夸张的话语，已经变成国民认知的重要部分。平实朴素的语言被修饰所淹没。愚钝的英国人在说话时，也像希伯来的先知似的卷着舌头。显然在英国人的气质中，有某种成分和这样的趣味相符合。可能是思想上天生缺少精确性，也可能是一种因为文字本身而对美好字眼的率真喜悦，一种内在的怪癖和对修饰的爱好，我也不太清楚，但事实是：从那时起，英国散文就必须努力去对抗华美的倾向。当英语的精神一次次保持本色，像德莱顿或安妮女王时代的作家一样时，却会再一次为吉本[2]和约翰逊博士[3]的华丽所淹没。当英国散文随着赫兹里

1. 托马斯·莫尔（Sir Thomas More，1478—1535）：人文主义学者和政治家，欧洲早期空想社会主义学说的创始人，代表作为《乌托邦》。

2. 爱德华·吉本（Edward Gibbon，1737 — 1794）：英国历史学家，其代表作《罗马帝国衰亡史》影响深远。

3. 塞缪尔·约翰逊（Samuel Johnson，1709—1784）：英国作家、文学评论家和诗人。

特[1]、身为文学家的雪莱[2]，还有顶尖时的兰姆[3]，恢复其“平易”时，却又随着德 · 昆西[4]、卡莱尔[5]、梅瑞狄斯和佩特的出现再度失去了。壮丽的文体比平易的文体更能打动人，这是明显的事实。实在有很多人认为那种不吸引人注意的文体并不是文体。他们会赞佩佩特的散文，但在读阿诺德[6]的散文时，却不花一丁点的时间去注意他用以表现思想的“优雅”“清晰”和“冷静”。

“文如其人”这句话是大家所熟知的。这是一句广为流传，其实大家都一知半解的格言。歌德作品里面的“人”在哪里？在他如鸟儿般的抒情诗里，或者在他笨拙的散文里？而赫兹里特呢？不过，我认为一个人假如心智混乱的话，他写作的方式也会是混乱的。假如他的性情善变的话，他的散文也会富于幻想，而假如他手头有丰富的材料，能让他的理解力快速增进的话，那么

---

1. 赫兹里特（William Hazlitt，1778—1830）：英国文艺评论家、散文作家，与兰姆齐名。毛姆在《书与你》中为读者介绍了 20 部英国文学杰作，其中就包括赫兹里特的代表作《燕谈录》。

2. 珀西 · 比希 · 雪莱（Percy Bysshe Shelley，1792—1822）：英国作家、浪漫主义诗人，被认为是历史上最出色的英语诗人之一。

3. 查尔斯 · 兰姆（Charles Lamb，1775—1834）：英国散文家，代表作为《伊利亚随笔》。

4. 托马斯 · 德 · 昆西（Thomas De Quincey，1785—1859）：英国散文家，代表作为《一个吸食鸦片者的自白》。

5. 托马斯 · 卡莱尔（Thomas Carlyle，1795—1881）：英国历史学家和散文作家，代表作为《法国革命》。

6. 马修 · 阿诺德（Matthew Arnold，1822—1888）：英国近代诗人、教育家、评论家。

除非他有极强的自控力，否则他写的东西就会充满明喻和暗喻。詹姆士一世的作家们沉醉于最近加入语言的新财富里，而吉本和约翰逊博士是糟糕理论的受害者，不过，前者的浮夸和后者的浮夸之间，还是有很大的不同。我能够以愉快的心情读懂约翰逊博士写出来的每一个词，因为他有判断力，迷人且机智。假如他不刻意去从事庄严文体写作的话，不会有人写得比他更好了。好的英文他一看就可以看出来。没有人比他对德莱顿散文的批评更加中肯了。他说德莱顿除了能清晰有力地表达思想外，似乎别无长处。他在《诗人传》的一篇作品里，曾以这句话结尾："谁想要学会用一种平易但不粗俗，优雅但不虚饰的英语文体写作，他就必须夜以继日地研读艾迪生的作品。"但是当他真正坐下来写时，却是朝着不同的方向。他把夸大误认为是威严。他没有受过良好的熏陶，不知道"平易"和"自然"才是"卓越"最真实的标志。

要写好散文，就要设计好的形式。散文不像诗，散文是一种文明的艺术。诗是巴洛克式的，巴洛克式是悲剧的、巨大的、神秘的，也是有力的。诗需要深度和悟性。我不禁觉得，巴洛克时期的散文作家，比如钦定本《圣经》的作者们，还有布朗爵士、格兰维尔[1]，都是些迷路的诗人。散文是一种洛可可式的艺术。它需要品味更胜于需要力量，需要得体更胜于需要灵感，需要活力

1. 约瑟夫·格兰维尔（Joseph Glanvill，1636—1680）：英国作家、哲学家、牧师。

更胜于需要壮观。形式对诗人而言，如同马衔与缰绳，没有它们你就不能骑马，除非你是杂技演员。但对于写散文的作家，形式就是车身底盘，没有它的话，车就不存在了。洛可可艺术诞生后，当它的典雅和适度都达到最高境界时，最好的散文就出现了，这并不是偶然的事。因为当巴洛克艺术变得浮夸空洞，而世界厌倦了“雄大”，转而寻求“节制”时，洛可可艺术就应运而生了。这是崇尚文明生活的人的自然诉求。幽默、宽容和常识，使得充斥于17世纪上半叶的那些悲剧性争端都似乎显得过分了。这个世界成了更适于人类居住的地方，几个世纪以来，文明阶级第一次可以安稳地坐下来，享受闲暇时光。有人说，好的散文应该像一个教养良好的人的谈话。只有当人们的心灵免于被持续的焦虑所困扰时，谈话才有可能进行。人们的生活必须相当安全，并且对他们的灵魂不需要有太严肃的关心。他们必须重视文明的改良。他们必须珍视礼节，他们必须注意自己的仪表（人家不也告诉我们说，好的散文应该像一个衣饰美好的人的服装，要适当而不突兀吗？）他们必须害怕让人厌倦，他们必须既不轻浮也不严肃，而要恰如其分。他们必须以一种批评的眼光去看待热情。这是一片很适合散文生长的土壤，这片土壤提供了一个适当的机会，使我们现代世界公认的最好的散文作家——伏尔泰——得以出现。用英文写作的作家们，可能由于英语本身的“诗性特质”，很少能达到伏尔泰似乎很自然就能达到的优秀境地。不过，他们已经达到伟大的法国大师们“平易”“冷静”和“精确”的标准，就这点而言，已经令人佩服了。

· 13 ·

不管你是否强调“悦耳”的重要性，我提到的三个特点中最后的这个特点，必须依赖你耳朵的灵敏度。很多读者以及很多可敬的作者都缺少这种特质。我们都知道，诗人常常使用头韵。他们信服声音的重复可产生美的效果，我认为散文则不然。我想，在散文里，头韵只能在有特别的理由时才能使用，如随便加以使用，人们听起来就很不悦耳。但随便使用的情形却很常见，让人只能认为：这样的声音并没有那么普遍地惹人不快。很多作家会毫不费力地把两个押韵的词放置在一起，在一个怪而长的形容词后面，接上一个怪而长的名词，或者在一个词的末尾和另外一个词的开头，加上一串使你几乎发不出声的辅音。这些是琐碎而明显的例子。我提出这些，只是要证明：假如细心的作家也这样做的话，那只能是因为他们没有听觉。词语有分量、声响和外形，只有考虑到所有这些因素，你才能写出赏心悦目的句子。

我读了很多关于英国散文的书，却发现很难从中受益，因为它们大部分是含混不清的，偏颇于不当的理论，并且经常训斥人。但是，富勒的《现代英语用法词典》（*Fowler's Dictionary of*

English Usage）却是一个例外。这是一部有价值的作品。这是一本生动的读物。富勒喜欢“平易”“直截了当”和“常识”，他不愿虚伪做作。他有一种健全的感觉，认为成语是语言的脊骨，同时他非常偏爱有风味的词语。他对于逻辑并没有奴隶似的崇拜，他极愿意在文法的适当领域里，为各种用法提供正确的途径。英语文法很难，很少有作家没犯过错。拿亨利 · 詹姆斯来说吧，他是一个很小心的作家，但他偶尔也会写出不合文法的东西，学校的老师如果在学生的散文里发现这样的错误，也是会无可奈何地发脾气的。懂得文法是必要的事，并且按文法写比不按文法写好，但也必须记得，文法是公式化的普通谈话。使用才是唯一的检验标准。跟谨遵文法的短语相比，我更喜欢平易自然的短语。法语和英语相比，一个显著的不同是，在法语里，你可以合文法又显得自然，但在英语里不可能总是如此。有生命力的声音被印刷字的外表支配着，这是用英语写作的人所要面临的困难。我对文体有过很多思考，并且下过很大的功夫。我觉得自己写的每一页几乎都需要改进，更多时候我只能写一些让自己感到不满意的文章，因为无论怎样尝试，我总是不能写得更好。我不能把约翰逊评论蒲柏[1]的话用在自己身上：“他从不漠然地将一个错误置之不改，也不会因为失望而直接把它去掉。”我不按自己的愿望写作，我按自己的能力写作。

---

1. 亚历山大 · 蒲柏（Alexander Pope，1688—1744）：18 世纪最伟大的英国诗人之一，诗作工整精练，有些句子几乎成为格言。

但富勒听觉不够灵敏，他不知道“简练”有时需要对“悦耳”让步。一个牵强、陈旧，甚至做作的词，只要比一个直接、明晰的词好听，只要它能使句子更加有平衡感，我认为就不算是不合适的词。但我还得赶快补充一句，虽然我想你可能会不加疑虑地对悦耳的声音让步，但是你却不应该对意思含糊不清的词语让步。写得不清楚是比什么都坏的事。除了会显得“枯燥”外，我们没有任何理由去反对“清晰”，反对“简练”。只要你意识到，秃头比戴着鬈曲的假发要好得多，你就会认为，为清晰、简练冒险是值得的。我们还必须考虑到“悦耳”存在一种危险性，那就是可能会因此显得单调。乔治 · 莫尔[1]刚开始写作时，文体还没有成形，你会感觉他好像是用一支钝笔在包装纸上写字。但他逐渐发展出一种很富音乐性的英文。他学着去写那种听起来朦胧慵懒的句子，他因此获得创作快感，并且一发不可收拾。但他并没有摆脱“单调”的缺点，就像海水拍打有着小圆石子儿的海滩，那声音如此抚慰人心，会让你听着听着就失去了感知力。那声音如此甘美，让你渴望听到另一种粗糙的声音，一种突然的不谐之音，来打破这丝绸般的和谐。我不知道人们怎么能防备这种情形。我想，最好的办法是，作者要有一种比读者更强的“厌倦感知力”，这样就能比读者们先觉察到厌倦了。人们应该常常提防那种过于追求独特文风的做法，当笔尖太容易流露出韵律时，

1. 乔治 · 莫尔（George Moore，1852—1933）：英国小说家、诗人、戏剧家和批评家，著有《一个青年的自白》《我的死了的生活的回忆》等。

就要问自己，那些韵律是否会变得机械化。要发觉人们用以表达自我的习语在哪个具体的地方失去了其特性，这是件很难的事。约翰逊博士说过：“曾经一度辛勤地磨炼出一种文体的人，以后就很少能完全自然地写作了。”虽然我很佩服马修·阿诺德，认为他的文体适合他特殊的写作目的，但我必须承认，他过于突出的文风常常让人厌烦。他的文体是一种工具，为了一劳永逸而创造出来的，而不像人类的手那样能做出各种各样的动作。

假如你能写得清晰、简练、悦耳且生动的话，那么你就会写得完美，你会写得像伏尔泰那样完美。然而我们知道，追求生动可能是件多么致命的事：它可能导致梅瑞狄斯那种令人厌倦的炫技。麦考莱[1]和卡莱尔吸引人的方式不同，但两人都同样付出了牺牲“自然”的高昂代价。他们虚饰的文风让读者分心，这种效果破坏了作品的说服力。假如一个人带着一个铁环，每走两步就从铁环里跳过去一次，你就不会相信他会去专心地耕地了。好的文风，应该不会显露出费力的迹象。这样的文字写出来，应该看上去像一种愉快的意外收获。我想，如今在法国，没人会比科莱特[2]写的东西更令人敬佩了，她的文笔平易自然，让你无法相信

---

1. 托马斯·巴宾顿·麦考莱（Thomas Babington Macaulay，1800—1859）：英国历史学家、政治家、诗人，代表作为《英国史》。

2. 西多妮·加布丽埃勒·科莱特（Sidonie Gabrielle Colette，1873—1954）：法国20世纪上半叶最杰出的女作家之一，同时也是记者、演员和戏剧评论家，1944年当选为法国龚古尔文学会主席，成为法国文学史上首位获此殊荣的女作家。代表作有《吉吉》《花事》《谢里宝贝》等。

她会在写作时费多少劲。有人告诉我，某些钢琴家有一种很自然的技术，大部分演奏者只有不断地辛苦练习，才能学会他们演奏的方式。我愿意相信也有这样天生幸运的作家存在。我很愿意把科莱特也放到这样的作家行列里。我曾经问过她。当听到她说，每篇作品她都反反复复写了又写时，我大为惊奇。她告诉我，她常会因为一页纸花掉一整个上午的时间。但人们怎么达到“从容”的效果，这倒无关紧要。就我而言，假如我达到了这个地步，那也是依靠辛勤地努力得来的。我的天赋里并没有太多能让我很随便地想出不矫揉造作、不落俗套又恰到好处的字眼，以及词语的表现方式。

· 14 ·

有一本书里说，阿纳托尔 · 法朗士[1]试着只用他大为敬佩的17世纪作家们的文法结构和词汇来写作。我不知道这是否属实。假如此事为真，那就可以说明，为什么在他优美简练的法文中缺少了一点活力。当你按特定的方式表达，因而没能说出你应该说的话时，这种简练就变得虚假了。人们应该以自己所处时代的方式来写作。语言是活的，并且在不断变化中。模仿离现在很遥远的作家写作，只能导致不自然的恶果。纵然我知道普通语汇的流行时间短暂，知道十年后俚语可能变得令人不解，但只要当代的普通语汇或俚语有“生动”和“确实”的效果，我还是应该毫不迟疑地使用它们。假如文体有一种正统的形式，那么这种正统也会赞成谨慎使用那些具有地域性和时效性的语汇。然而我宁愿做一个世俗的作家，也不愿做一个装

1. 阿纳托尔·法朗士（Anatole France，1844—1924）：法国作家、文学评论家、社会活动家，1921年获得诺贝尔文学奖。代表作有《泰伊思》《企鹅岛》等。

腔作势的作家，因为生活是世俗的，而作家追求的正是生活。

我想，我们的美国作家同行们有很多值得我们英语作家学习的地方。因为他们的作品已经逃脱了钦定本《圣经》的桎梏，并且我们知道，一些昔日大师的写作模式形成了我们文化的一部分，但美国作家却比较不受他们的影响。他们已经更直接地从环绕在他们四周的活泼语言里形成了（可能是无意识地）他们的文体。当他们处于最佳境地时，有一种直截了当的力量、有一种活力和冲击力，让我们那种更文雅的表达方式显得沉郁无力。很多美国作家都当过记者，他们的新闻文学是以一种比我们更犀利、更有力而生动的英语写成的，这对他们来讲是一种优势。因为现在我们读报纸，就像我们的祖先读《圣经》那样平常。我们读报纸不可能得不到好处的，因为报纸，尤是通俗报纸，可以提供给我们作家必备的一部分经验。报纸新闻是直接来自屠宰场的原材料，假如我们因为它闻起来有血和汗的味道而不加理会，那我们就笨蛋了。我们不能逃避这种日常生活散文的影响（不管我们多么愿意逃避），但一个时代的新闻文学，其文体都极为相似，可能全部是相同的人所写，客观且缺乏个性。我们最好去读读别的文体，以抵制它的影响。要这样做，就得不断接触离我们不远的时代的作品。这样，人们才能有一种可以检验个人文体的标准，并且能够有一个理想的模式，能够以现代方式努力向其靠近。就我个人而言，我发现有两位作家最有助于这种目标的实现而值得我们研究，那就是赫兹里特和纽曼主教[1]。这两个我都不想去模仿。赫兹里特会出现修辞不当的情形，他的文风有时如同维多利亚时代的哥特式建筑那样过分修饰。纽曼则略微有些华丽。但就他们的巅峰时期而言，两个人都令人敬佩。时间很少影响到他们的文体，他们的文风几乎就是当代的。赫兹里特的文体生动，使人精神振奋，并且精力十足，他有着活力与生气。你能在他的文辞里，感觉到他这个人的存在，但并不是那个为世人所知的小气、易怒，让人生厌的人，而是在他的理想境界里的那个自己（存在于我们内在世界里的自己，实际上跟外表上看起来可怜、踌躇的人一样真实）。纽曼有一种优雅的特质，一种时而滑稽时而严肃的音乐感，一种林地般优美的语感，一种富有尊严的圆熟之美。两个人写起来都极为清晰，但最纯粹的品位所要求的"简洁"，两个人都没有。在这一点上，我认为马修 · 阿诺德要胜过他们。不过这两个人都能美妙地掌控词句间的平衡，都知道怎样写出悦人耳目的句子。他们都具有极度敏感的听觉。

假如有人能把他们的优点融合在今天的写作方式中，那么他在写作上就会达到人类所能达到的巅峰了。

1. 约翰 · 亨利 · 纽曼（John Henry Newman，1801—1890）：英国维多利亚时代杰出的教育家，毕业于牛津大学三一学院，1845 年正式加入天主教会，后升任神父和红衣主教。代表作有《大学的理念》等。

· 15 ·

我时常问我自己，假如把全部的生命都奉献给文学的话，我是否会成为一个更好的作家。早些时候——我已不记得具体是多少岁了，我曾下决心要尽可能多地从生命中获取精华，因为生命只有一次。仅仅写作似乎不够。我要塑造出一个生命的模式，在这个模式里，写作将成为一个基本的元素，但里面还要包括其他一切人类固有的活动，而在终结时，死亡将会圆满地为这个模式画上句号。我有很多不足之处。我个子矮小，虽有耐力，但几乎没什么体力；我口吃又羞怯，而且健康不佳。我没什么竞赛细胞，而竞赛在英国人的正常生活中却占了很重要的地位。不知道是出于这些理由，或天性如此，我对同胞们有一种本能的畏缩，这使得我很难与他们熟悉起来。我喜爱单个的人，我从不喜欢一大群人。我没有那种第一次见面就让人喜爱的迷人之处。虽然这些年来我已经学会了在不得不跟一个陌生人接触时装出一副热心的样子，但我从来没有在第一眼时就喜欢上一个人。我想我不会在火车上跟一个不认识的人打招呼，或者在船上跟某一个旅客说话，除非他先跟我开口。肉体的羸弱使我不能享受三杯酒下肚后带来的交际感受；很多身体健康而快乐的人，在沉醉状态中会把所有人都视为手足兄弟，但我在远远还没到达这种状态时，胃就开始向我提出抗议，让我感到极端痛苦了。这些对作家、对普通人都是严重的缺陷。我必须善加利用这些不足之处。我已经坚持按自己的模式行事了。我并不会宣称这是一个完美的模式。我想，在命运安排的种种环境里，加上我天生有限的能力，这就是我所希望的最好模式了。

亚里士多德在寻求人的特殊机能时，作了如下的论断：既然人跟植物一样能够生长，跟动物一样可以知觉，却独有一种理性的成分，那么他的特殊机能就在于灵魂的活动。因此，他下了这样的结论：人不应该想当然地认为，应该培养这三种都属于人类的活动方式，而只应追求他所特有的那一种活动方式。哲学家和道德家不安地注视着人类的肉体。他们指出肉体的满足是短暂的。但我们不能因为快乐不能永恒，就说它不是快乐。在炎热的日子里，跳进冷水里是一件令人愉快的事，虽然过了一会儿，你的皮肤就不再对冷水敏感了。白色不管保持一年或一天，都不会更白。我一直想通过某种模式去体验所有感官上的快乐。我不怕过度，偶尔过度能令人兴奋，防止适度成为一种让人麻木的习惯。它能增补肉体，使神经得到休息。当身体浸淫了快乐时，精神常常最为自由；实在说来，有时星星从贫民窟里看起来比从山顶上看起来还亮。肉体容易感受到的最强烈的快乐是性交的快乐。我知道有些人把全部的生命专注于这样的快乐中，他们现在已经衰老了，但我注意到他们认为此生没有虚度，这让我觉得很惊奇。天生的洁癖使我无法沉溺于这种特别的快乐，这是我个人的不幸。我练习着适度之道，因为我难以被人取悦。我时常看到那些从伟大情人身上满足欲望的人，我惊讶于他们“胃口”的强健，却并不羡慕他们的成功。很显然，假如你愿意吃羊肉丁和芜菁叶子，那你就不会经常饿肚子。

大部分人受制于命运的变化莫测，过着随遇而安的生活。很多人由于出生的境遇，为了生计不得不保持一条笔直且狭窄的生活之路。在那条路上，他们没有向右转或向左转的可能。生活的模式就这样形成了。生活本身就在逼迫着他们。这种生活强加的模式，并没有人们自觉去创造的模式那样完整，其中的缘由不得而知。而艺术家则处在一种享有特权的地位。我用“艺术家”这一称呼，并不是要衡量这些人作品的价值，而是指“专心于艺术的人”。我希望能找到一个更合适的词，但是用“创造者”就太自命不凡了，而且是否拥有创造力也很难被确切地证实。“工匠”也还不够。木工是工匠，虽然从狭义上来说可以算是艺术家，但通常却不像那些最无能的小作家，还有最可怜的蹩脚画家一样拥有行动的自由。艺术家在某些限制之内能把喜欢的变成自己的生活。在其他行业，譬如说，医生或律师的职业，你可以自由选择，要不要从事可以随你的意思，然而一旦选定了，你就不再自由了。你就被你的职业规则所限制，一种行为标准也会强加在你身上。模式事先就被确定了。可能只有艺术家或者还有罪犯，才能创造他们自己的生活模式。

可能是一种天生的整洁感，使我在很年轻时，就开始为我的生活创造出一种模式。也可能是由于我在自己身上发现的某种东西使我这样去做了，关于这一点以后我还会提及。这样做的缺点是，可能会扼杀人的“自发性”。实际生活中的人和小说中的人，二者的不同之处在于，生活中的人是冲动的动物。人们说，形而上学就是我们为自己本能所相信的东西找出的不好的理由。也可以说，在生活的行为中，我们用深思熟虑来判断要做的事是否正当。而屈服于冲动则是模式的一部分。我想，一个较大的缺点是这种模式会让你太多地生活于未来。我很早以前就知道，这是我的一个毛病，并且也试着要去改正，但没用。我从不（除非通过意志的努力）希望正在逝去的时光能稍作停留，让我能从中得到更多快乐，因为即使正在逝去的时光带给我大为期望的东西，我的想象却在得到满足的那一刻，为着即将到来的未知的喜悦而忙碌着。我每次走到皮卡迪利街[1]南边时，总会对北边正在发生的事感到惴惴不安。这真是笨。正在消失的时光，是我们完全能感受到的确实的东西，有常识的人都懂得自其中提取最高价值；未来一定会在某一天变成现在，并且会像现在一样看上去不重要。但常识使我受益微少。我并没有觉得现在令人不满意，我仅仅把现在视为理所当然。它交织在模式里，而使我感兴趣的，是那些将要发生的事情。

我犯过很多错。我常常陷入作家们尤其容易陷入的圈套：想在我自己的生活里，去实现我曾让自己捏造的角色表现出的某些

1. 皮卡迪利街（Piccadilly Road）：位于伦敦市中心，连接着西南方向的海德公园角（Hyde Park Corner）与东北方向的皮卡迪利广场（Piccadilly Circus），东南紧邻着伦敦三大皇家公园之一的格林公园（Green Park），西北方向不远处则是伦敦三大皇家公园之一的海德公园（Hyde Park）。

行为。我曾企图去做与我的天性不相容的事，并且顽强地坚持着，因为我的虚荣心，我不承认自己被打败。我对别人的意见太在意了。我为无价值的东西牺牲过，因为我没有蒙受痛苦的勇气。我做过愚笨的事。我有敏感的良心，我在生命中做过一些无法完全忘怀的事。假如我有幸成为天主教徒的话，我可以在忏悔时把这些事都讲出来，而在接受惩罚并获得宽恕后，把它们都置之度外。我曾按照常识所提示的去处理这些事，但我并不为它们后悔，因为我认为，由于自己的严重错误，我才学会对别人宽容。我花了很长一段时间，才学会如何对别人宽容。年轻时，我粗鲁，没有容忍心。我记得，我听到有人说下面这句话时（这句话虽不是此人原创，但那时我是第一次听到），曾发过脾气："虚伪是罪恶送给美德的赞美。"我想，一个人应该有勇气承担其罪恶。我有诚实、正直、真实的理想。我最不能忍耐的是懦弱，而不是人类的缺憾，而我绝不对那些投机分子和骑墙的人加以宽容。我从没想到，自己才是最需要宽容的那个人。

· 16 ·

对我们自己而言，我们的罪过不像别人的罪过显得那么可恨，这事最初看起来似乎很奇怪。我想理由是：我们知道自己产生罪过的一切情境，所以，同样一种罪过，我们不能原谅别人，却能原谅自己。我们把注意力移开，不去注意自己的缺点，在我们因为那些麻烦的事强迫自己去考虑那些缺点时，就容易去宽恕它们。也许，我们这样做是对的，缺点是我们的一部分，我们必须同时接受自身的好与坏。但是，轮到我们评判别人时，却不是以真实的自我去判断他们，而是以我们的一种自我形象去做判断，我们在这种自我形象里把那些伤害到我们的虚荣心，或者在世人眼里会使我们丢脸的一切因素都去掉了。举一个小例子，当我们揭发一个人说谎话时，我们是多么鄙视他，但谁能承认他自己不止一次说过谎，甚至讲过一百次呢？当我们发现伟大人物的软弱、狭隘、不诚实或自私，还有私生活不检点，虚荣或者放纵时，我们会感到震惊；而很多人也会认为向公众揭露英雄们的缺点，是件可耻的事。人与人之间并没有很多的不同。他们是伟大和渺小、美德和罪恶、高贵和卑贱的大杂烩。有些人有更强大的性格力量，或者有更多机遇，所以在某些方面较能自由地运用他们的本能，但潜在的方面还是相同的。我并不认为自己比大部分人更好或更坏，但我知道，假如我把自己生活中的每种行为，以及从我心头掠过的每一个想法都写下来，那么世人就会把我当成一个邪恶的怪物了。

我想知道，当一个人开始检视自己曾有过的思想时，怎么还能厚着脸皮去谴责别人。我们的大部分生活都沉浸在幻想里，而我们越富于想象力，这种幻想就会越生动多彩。当我们的幻想自动在自己面前以记录的形式呈现时，我们当中有多少人能直接面对呢？我们应该惭愧得抬不起头。我们也许会大声叫道："我们并不是真的那样卑鄙、邪恶、狭隘、自私，那样淫邪、势利、虚荣、脆弱。"然而，真的，我们的幻想，就像我们的行动一样，是我们的一部分。假如有一个存在体知道我们内心深处的思想，我们就不但要对我们的行为负责，也要对我们内心深处的思想负责。人们会忘记在自己心中游荡过的那些可怕思想，而当他们在别人身上发现那些思想时，就会发怒。歌德在《诗与真》里，说自己年轻时，一想到父亲是法兰克福的一个中产阶级律师时就不能忍受。他感觉到，在他的脉管里流动的一定是高贵的血液。所以他想说服自己，曾有一位王子在旅行经过某一个城市时，遇到了他的母亲，并且爱上了她，而他就是两人结合的后代。我所读到的那本书的编者为这一点写下了一条表示愤怒的批注。他认为，这样一个伟大的诗人，为了势利地自夸他私生子的贵族身份，竟去侮辱他母亲毫无疑问的美德，这是不值得的。当然，这是丢脸的事，却并不是不自然的事，并且我再冒险说一句，这并不是不平常的事。罗曼蒂克而具有反抗力和想象力的男孩子一定这样想过：他们不可能是无味而可敬的父亲的儿子，他们能够按自己的特性把自己感觉到的优越性，归之于一个不详其名的诗人、伟大的政治家或者统治群伦的王子。歌德晚年威仪堂堂的神态使我对他产生了尊敬之心，而他的这种表白使我心中升起一种更温暖的感觉。不能因为一个人能写出伟大作品，就不把他看作一个“人”。

在圣人们奉献他们的生命去从事善良事业，而忏悔已弥补了他们过去的罪过时，我想，就是这些和他们的意愿相对抗的淫荡、丑恶、卑贱和自私的思想，占据着他们的心灵，折磨着他们。我们知道，当圣-依纳爵·罗耀拉[1]去孟斯烈隐修院忏悔了一番后得到赦免，但他还是继续被一种罪恶感所纠缠，以致于濒临自杀的地步。一直到他改宗以前，他都过着出身良好的年轻人的普通生活。他有点虚饰他的外表，他狎妓、赌博，但至少在某种场合里，他会显露出少有的宽仁之心，而他常常是可敬、忠心、慷慨而勇敢的。假如在他改宗后，心中仍不能心平气和的话，那么看来他不能原谅的，好像是自己的思想，而不仅是自己的行为。知道连圣徒也这样受着折磨，倒是桩令人舒服的事。看到世上那些正直而高贵的伟人正襟危坐时，我常会问自己：在这样的时刻，他们是否记得，他们的心也曾在某些时刻陷入孤独之

1. 圣-依纳爵·罗耀拉（Saint Ignatius Loyola，1491—1556）：西班牙贵族，1540年在罗马教皇保罗三世的支持下创立耶稣会，并任总会长。

中，他们是否会不安地想起潜在的自我里隐藏的秘密。我想，如果人们知道这些幻想是每个人通常都会有的，应该会产生对自己、对别人的宽容之心。假如这些幻想能使我们以戏谑的心情看待我们的同胞（甚至是那些最杰出、最可敬的人），假如它们能使我们不把自己看得太严肃，也未尝不是好事。每当我在法庭上听到法官津津有味地在那儿说教时，我就会问自己，他们是否能像他们的话里所暗示的那样，完全忘掉他们的人性呢。我希望法官大人能在伦敦中央刑事法庭桌上的花瓶旁边，再放上一包卫生纸。那会提醒他，他跟其他人一样也是一个“人”。

· 17 ·

有人说我愤世嫉俗。有人指控我，说我把人写得比他们本来的样子更坏。我不以为然。我只是把很多作家没见到的某些特性凸显出来了。我想，人类让我印象最深的地方，主要还是他们缺少连贯性。我从没见到过始终如一的人。最不调和的一些特性竟会存在于同一个人身上，并且尽管如此，竟能产生一种看似真实的和谐，这让人感到惊讶。我认识一些能够做出自我牺牲的骗子，还认识性情温良的小偷，以及把收一分钱付一分货视为荣誉攸关的妓女。我对这些所能给予的说明是：每个人都很本能地坚信自己是这个世界上特立独行的人，而且有某种特权，以至于无论别人认为他犯了怎样的错，他都认为自己做的事，假如不是自然而正确的，至少也是可以被原谅的。我在人们身上发现的这些对比使我产生兴趣，但我并不认为我过度地强调了这种对比。我时常受到责备的原因，可能是由于我赞美我所创造的角色的优点，而没有明确地去谴责他们的劣点。我并不特别震惊于别人的罪恶，除非其罪恶直接影响到我，而即使其罪恶直接影响到我，一般说来，我最后也会学习去宽恕他们，这肯定也是我的一个缺点。不要期待别人太多，这是对的。他们待你好时，你应该感谢，而他们待你坏时，你也应该表现得若无其事。“因为，我们之中的每个人，”就如同雅典的陌生人[1]所说的，“就是由他欲望的倾向和灵魂的天性造成的。”由于人们缺乏想象力，所以他们只能从自己的观点出发，无法以其他的观点去看待事情。因为他们缺乏这种能力而生气，这是不合情理的。

假如我只看得到人们的缺陷，而看不到他们的美德，我想，我理应受到公正的谴责。但我并不认为实际情形是这样的。没有比善良更美的东西了。我经常很高兴地展现一些人的善良，在那些按照通常标准会被无情咒骂的人身上，竟隐藏着那么多善良。我把善良展示出来，因为我看到了善良。有时我想，善良在这些人身上有着更明亮的光芒，因为它被恶的黑暗包围着。我认为好人的善良是理所当然的，在我发现他们的缺点或罪恶时，我会感到好笑；当我看到坏人的善良时，我会受到感动，对他们的罪恶，也就极愿意宽容地耸耸肩加以原谅。我不是我兄弟的监视者。我不能以我自身的标准来评判周围的人，只要观察他们我就满足了。我的观察使我相信，总的来说，好人和坏人之间，并没有道德家要我们相信的那样有那么大的差别。

我不会从表面价值上去看待人们。我不知道这种精细判断的冷静是否继承自我的祖辈（假如我的祖辈没有这种不受外表欺骗的精明特质，就几乎无法成为成功的律师），或者应该归之于

1. 出自柏拉图《对话录》中的人物。

我在遇见人们时所缺少的愉快的感情冲动，这种感情冲动使得很多人（如格言所说的）把平常的鹅看成高贵的天鹅。我所受到的医科学生的训练，也确实催生了我精细冷静观察的能力。我并不想成为一名医生。除了成为作家之外，其他的我都不想，但我太羞怯，无法说出自己的心愿。无论如何，一个出身于体面家庭的 16 岁男孩，竟选择文学当职业，这在当时是不曾听见过的事。这种念头太荒谬了，因此我做梦都没有想到要去告诉任何人。我常常想，我应该进入法律界，但是我有三个比我年长不少的哥哥，他们都做了律师，而且似乎也没有给我留下多少从事这一行的空间了。

· 18 ·

我离开学校很早。父亲死后，我就被送到预备学校，因为学校在坎特伯雷，离我的叔父（兼监护人）当教区牧师的惠特斯特布尔只有六英里远，但我在学校并不快乐。那学校是“皇家学校”的附属学校。“皇家学校”建筑物古老而陈旧，我十三岁时就按时进去了。低班的老师们都是些喜欢恐吓人的坏蛋。我从低班出来后，就感到够满足了，而在一场病迫使我在法国南部消磨了一学期的时间后，我却变得可怜兮兮的。我的母亲和她唯一的妹妹都死于肺病，而我的叔父和叔母发现我的肺部有毛病时，他们都很忧虑。我被安置在耶尔的一个家庭教师家里。回到坎特伯雷后，我就不再喜欢那地方了。我的朋友们都有了新伙伴。我变得孤独了。我被转进较高的班里，因为缺席了三个月课程，我不知道如何是好。我班上的老师不断地找我的碴儿。我跟叔父说：假如我不上学，到里维埃拉避寒的话，会对我的肺部很有益处，并且避寒后到德国学德语，对我也有帮助。我可以在那边继续研习进入剑桥所需要的课目。叔父是一个意志薄弱的人，而我的辩解似乎也很有道理。他不是很喜欢我，这一点我不能怪他，因为我不是一个讨人喜欢的男孩。我受教育的费用是自己掏腰包的，所以他也很愿意按照我的选择去做。叔母非常赞成我的计划。她自己是德国人，虽然身无分文，却是出身名门；她的家族有一个盾徽，上面饰有扶着徽章的塑像和很多四分线纹。她很为此感到骄傲。我曾在别的地方提到过，她虽然只是一个穷牧师的妻子，却从不去拜访一个在附近有避暑别墅的阔绰银行家的太太，因为那银行家是个商人。她通过在慕尼黑的亲戚，打听到海德堡的一户人家，就安排我去了那边。

但我十八岁从德国回来时，对我的将来却有了很明确的想法。我在海德堡过得比以前快乐。我第一次尝到了自由的滋味，一想到要去剑桥，再次臣服于限制，我就无法忍受。我感到自己是一个人，并且非常渴望马上开始自己的生活。我感到一刻都不能再浪费。我的叔父尽管应该知道，像我这样口吃的人，牧师这职业是最不适合的，但他还是常常希望我能继承他的衣钵。当我告诉他不想当牧师时，他就以平常的漠然态度同意我不去剑桥读书了。我仍然记得，那次关于我应该从事何种职业所引起的荒谬争辩。叔父建议我应该成为公务员，他写信给一个在内政部身居要位的牛津老朋友，征求他的意见。对方的回答是，由于考试制度，以及经过考试制度进入政府的人的阶级所限，现在已经没有容纳一位绅士去服务的空位了。问题解决了。最后决定，我应该当医生。

医生的职业并没有使我感兴趣，但却给了我住在伦敦的机会，我也因此得到了自己渴求的生活经验。我在 1892 年秋天进入圣托马斯医学院。我发觉头两年的课程很枯燥无味，我不甚注意功课，只求应付过考试就好了。我不是一个令人满意的学生。但我拥有自己渴望的自由。我喜欢有自己的天地，按自己的意愿生活；我把住处布置得漂亮、舒服，并引以为傲。我把所有空余时间，以及大部分应该专心于医学研究的时间，都用来读书和写作。我大量地阅读。我在笔记本上写满了对故事和戏剧的观点、对白的片段，以及我因为阅读和正在经历的各种事产生的率真的感想。我很少参与医学院的活动，也没交过多少朋友，因为我忙着其他事。但是，两年后，我变成门诊部的人员，后来又担任外科医生助理时，我开始对工作有兴趣了。我开始按时在病房工作，并且因此兴趣大增。有一次，在对一具高度腐烂的尸体进行解剖检查时，我得了脓毒症性扁桃体炎，需要卧床休息，但我却等不及康复，一心想再次投入工作。我必须参与一定数目的分娩手术，这样才能拿到一张执照。这就意味着，我要到兰贝斯的贫民窟去，要时常进入连警察都踌躇不前的肮脏的院子里去。在那儿，我的黑色医生专用包给了我足够多的保护。我发现这工作令人着迷。有一段不太长的时间，我日夜当值“意外事故”的勤务，为紧急患者提供急救工作。这工作使我筋疲力尽，却也让我感到极为振奋。

· 19 ·

在这种情形下，我是在跟自己最需要的东西，也就是最原汁原味的人生接触。这三年以来，我亲身感受到了人们可能表现的每一种感情。这种感情激发了我的戏剧本能，挖掘出了我成为小说家的潜力。直到现在，四十个年头已过去了，我还能确切地记得某些人，能把他们的样子描画出来。我那时所听到的话语，仍然在耳边徘徊。我看到人们如何死去，看到他们如何忍受痛苦，看到希望、恐惧和慰藉是什么样子。我看到失望描画在脸孔上的黑暗线条，看到勇气和坚忍，看到信念在人们的眼中闪耀，而他们所相信的我却认为不过是幻影。我也看到人们以嘲讽的嬉笑面对死亡预兆时的勇气，因为他们太骄傲，不想让身边的人看到他们灵魂里的恐惧。

那时候（对大多数人来说，当时已足够安逸，和平似成定局，繁荣也不在话下），有一派作家，他们夸大了受苦的道德价值。他们宣称说，受苦是对人有好处的。他们说，受苦增加了人的同情心，提高了人的敏感性。他们还说，受苦为精神开通了美的新路，使美能与上帝的神秘王国接触。他们又说，受苦增加了性格的力量，纯化了性格，使人类不至变得粗陋，并且为追求而不躲避这种苦难的人带来了更完美的快乐。按这种套路写出来的几本书都大为畅销，而这些作者住在舒适的房子里，饱食三餐，身强体壮，名声极大。我不止一两次，而是有十几次把我所见的事实记在笔记本上。我知道受苦并不会使人高贵，受苦使人堕落，使人自私、卑鄙、可怜、多疑。受苦使人专心于小事，但并不使人超越。它使人低人一等。我曾残忍地写道：我们不是借着自身的痛苦，而是借着别人的痛苦，来学习顺从。

所有这些，对我都是有价值的经验。对一个作家来说，最好的训练莫过于在医生的行业里消磨几年时光。我想，你能在一个律师的办公室里学到很多有关人性的东西，但大体上讲来，你在那儿必须对付的是完全有自我控制力的人。可能，人们在律师办公室里说谎，就像对医生说谎一样，但他们对律师说谎时说得更完美。可能，对律师来说，他们未必需要知道事实真相。此外，律师的研究兴趣通常都在材料上面。他们从一个专业化的角度来看待人性。但是医生，尤其是大医院的医生，却赤裸裸地看穿了人性。患者的沉默通常会被瓦解，或者常常不会出现沉默。大部分场合中，恐惧会粉碎人们的自我防卫心理，甚至连虚荣心也会被恐惧夺去力量。大部分人都有一种强烈的欲望，想要谈论他们自己，只有当别人没有兴趣听时，他才会收敛。“拘谨”只是在我们大部分人心里发展出来的一种不自然的特质，只是无数次受挫的结果。医生是谨慎的人，倾听是他的分内事，对他的耳朵来讲，没有哪些细节是不可以听的隐私。

当然，人性可能在你面前展现出来，而假如你没有用心去观察，你就学不到任何东西。假如你为偏见左右，是个墨守成规的人，假如你的性情多愁善感，你可能在走遍医院的病房后，还是跟刚进来一样无知。假如你要从这样的经验里得到益处的话，你就必须有开放的思想，而且对人类感兴趣。虽然我并不很喜欢人，但我还是认为自己很幸运，因为我发现人很有趣，以至于我几乎无法对他们感到厌烦。我并不特别愿意讲话，倒很愿意倾听。人们对我感兴趣与否，我并不介意。我没有传道授业的欲望，想把我拥有的知识传授给别人，假如他们有错，我也觉得没有纠正他们的必要。假如你保持冷静的话，你也可以从乏味的人那里获得很多乐趣。我记得有一次，在异国他乡，一位好心的女士开车带着我，要领我到处看看。她说的都是些不言自明的事情，她的话里有很多陈腐的词语，多得我都想不起来她究竟说了些什么。但有一句话，却像少数的机智之言一样，深深刻进了我的记忆里。我们经过一排靠海的小房子，她对我说："这些是周末平房，不知你懂得我的意思吗，换句话说，这是人们星期六住进去，星期一离开的房子。"假如错过了这句话，我会感到遗憾的。

我不愿跟令人厌倦的人消磨太多时间，但也不愿意跟有趣的人消磨太多时间。我发觉社交令人疲累。我想，大部分人都因谈话而感到兴奋，得到休息，对我来讲，谈话却是一件吃力的事。我年轻时就有口吃的毛病，长久的谈话使我极为疲倦，这毛病现在虽已多少好了一些，但谈话对我仍是一件紧张的事。若能逃避它而去读一本书，那对我是一种解脱。

· 20 ·

我从不会说，在圣托马斯医学院的几年里，我对人性有了完全的认知。我想，不会有人觉得自己能完全了解人性。四十年来，我一直在自觉和不自觉中研究人性，而我仍然发觉人是一种莫名其妙的生物。我了解得很清楚的人，会做出我没有想到的事，或者展现出他们身上我没有料想到的某一方面的特点，这些都会使我感到惊讶。我所接受的训练也许给了我一种扭曲的观点，因为在圣托马斯医学院，我所接触的大部分是病人、穷人和没受过教育的人。我曾努力试着去预防这一点，也试着去防止我自己有先入之见。我对别人没有与生俱来的信任。我更倾向于相信他们会做恶，胜过相信他们会行善。人们有了幽默感，就必须付出这样的代价。幽默感会引导你在人性的矛盾中发现乐趣，它使你不去信任伟大的宣言，而去寻求宣言中隐藏的无价值的动机。外表和实质之间的不一致使人开心，而当你不能发现这种不一致时，你往往会去创造出来。面对真、善、美，你容易闭上眼睛，因为它们并没有给荒谬提供发挥的机会。幽默家有认出骗子的敏锐眼睛，却常常认不出圣人。不过，假如对人产生偏见是获得幽默感所要付出的重大代价，那么我们可以得到另一种有价值的补偿。你讥笑人家时，你对他们并不生气。幽默教人容忍，带着一丝微笑，或者一声叹息，幽默家更可能只是耸耸肩，而不会去谴责别人。他不说教，他只要了解就满足了。真的，了解就是同情和原谅。

但我必须承认，由于这些我常常记得的念头，随之而来的岁月带来的经验，更确定了我在圣托马斯医院的门诊部和病房里，不自觉地而非用心地（因为我太年轻）所进行的人性观察。自那时起，我就看到了各色人，我把他们描绘了出来。这些画像可能不真实，我也知道很多人因为那些画像感到不快。无疑地，这些图画是局部的而不是完整的，因为，很自然地，我也是以自己的特性去观察别人的。开朗、乐观、健康和伤感的人，会以十分不同的眼光去看待同样的人。我只能说，我是在以前后一致的观点看待他们。在我看来，很多作家似乎一点也不去观察别人，只是从他们自己幻想的意象中，以固有的形象去创造出他们的角色。他们就像是根据从古董里得到的印象来描绘形象的绘图员，从来不去描画活生生的模特。充其量，他们只能给自己心中的幻象以似是而非的形状。假如他们的心灵是高贵的，他们就能给你一些高贵的形象。如果他们缺少普通生活的无限复杂性，那似乎也不要紧。

我常常按照活生生的模特来进行创作。我记得，有一次在解剖室里，我在跟实验教授温习人体构造时，他指着一丛神经问我是什么神经，我不知道。他告诉了我。我提出异议，因为那丛神经的位置错了。然而他坚持说，那就是我一直在寻找却找不到的神经。我抱怨这种异常的情况，他却微笑着告诉我：在解剖学里，这种不寻常的情况也是正常的。我那时只是恼怒，但这句话却深深印在我的心里。自那时起，我就被迫认识到：这句话适用于解剖学，而在人性方面亦然。你很少能发现“正常”。“正常”是一个理想状况。正常是人们以其平均特性拼接成的一幅画，而要在单单一个人身上发现所有特性，是几乎不可能的事。我曾经提到的作家，就是以这种虚假的图画作为他们的模型，而就因为他们描写的事物太不寻常，所以他们很少达到栩栩如生的效果。自私和仁慈，理想主义和荒淫，虚荣、羞涩、公正、勇气、懒惰、紧张、倔强和怯懦，所有这些都能在一个单独的人身上共存，形成一种看似真实的和谐。要说服读者，使他们相信这是真的，就已经需要花费不少时间了。

我认为过去几个世纪里的人，跟现在我们认识的人并没有什么不同。但他们在其同时代人的眼里，一定显得比如今在我们眼里要更加一致，否则，作家就不会那样去描绘他们了。按每一种人所具有的某种脾性来加以描述，似乎是合理的事。吝啬鬼只不过小气而已，纨绔子弟只不过浮华而已，而饕餮者只不过贪吃而已。没有人会想到，吝啬鬼可能也会浮华、也会贪吃，而我们常常看到这类人。他们更不会想到，吝啬鬼也可能是个正人君子，对公务有无私的热情，对艺术也有真正的激情。当小说家们开始揭露在自身或别人身上发现的多样化时，他们就被控以诋毁人类之罪了。就我所知，第一个以深思熟虑的意向如此而为的小说家，是写《红与黑》的司汤达。同时代的批评家们都大为愤怒。

甚至连圣伯夫[1]（他只需要看向自己的内心，就能发现那些相反的特性也能以一种和谐状态共存）也严厉斥责了他。于连·索雷尔[2]是小说家创造出来的最有趣的角色之一。我想，司汤达并没有把他塑造成一个完全可信的人物，但我相信这要归咎于某些原因，这些原因我将在本书的其他部分提到。就这本小说的前四分之三而言，于连的性格是完全前后一致的。有时他使你充满恐惧，有时他表现得富于同情心，但他有着内在的一致。所以，虽然你时常会感到战栗，但你还是会认可这样一个人物。

但司汤达的例子却是经过很长一段时间后才开花结果的。巴尔扎克以他的天才，模仿旧式模型，创造出他小说里的角色。他在角色里倾注了大量活力，因此你认可了这些角色的真实。但事实上，这些角色如同旧式戏剧里的角色那样，有着固定的个性。他笔下的人物令人难忘，但我们却是从支配人物感情的观点去看待他们的。这种支配也影响了跟他笔下人物接触的人们。我想，把人们的本性看作是相同的，这是一种先入为主的偏见。显然地，在以不同方式确定对一个人的看法时，不要在“他是最好的那种人”或者“他是个卑鄙小人”的评价中犹疑不决，就会省去很多麻烦。发现救国英雄可能吝啬小气，发现开启我们意识新境界的诗人可能是个势利鬼，这真是令人不安的事。我们与生俱来

1. 夏尔-奥古斯丁·圣伯夫（Charles-Augustin Sainte-Beuve，1804—1869）：法国作家、文学评论家，法兰西学院院士，将传记形式引入文学批评的第一人。著有《文学肖像》《女性肖像》《当代肖像》等作品。

2. 《红与黑》里的男主角。

的自我主义，会引导我们以他人和我们之间的关系来评判对方。我们要他们成为我们心目中确定的人物，而对我们来说，那就是他们的真实面目。他们所具有的其他对我们没有好处的特性，我们将其忽略了。

这些理由也可以说明，为什么作家那样不愿意去试着描写人们矛盾和多变的性格，以及为什么秉笔直书的传记作家暴露了名人的真相后，人们要沮丧地视而不见。想到《纽伦堡名歌手》[1]里五重奏的作曲者在金钱方面的不诚实，以及对帮助过自己的人的忘恩负义，这真是使人苦恼。但假如没有重大的缺点，他或许也不会拥有伟大的优点。我不认为那些说名人的缺点应该被忽略的人是对的。我想，我们最好还是去了解这些缺点。然后，尽管我们知道自己有着和他们一样明显的缺点，我们也能够相信，这并不会妨碍我们获得跟他们一样的优点。

1. 19 世纪德国作曲家瓦格纳的名作。

· 21 ·

我在医学院所受的训练，除了教会我一些有关人性的认识外，还给了我一套科学和科学方法的基本知识。在那之前，我只关心艺术和文学。那时的课程要求很少，从医学院能学到的知识也有限，但无论如何，这些知识就像一条路，指示我走向以前完全忽略的领域。我对某些法则开始熟悉了。我得以粗略一瞥的科学世界是一个严密的唯物主义世界，而因其概念与我自己之前的一些想法刚好吻合，所以我就高兴地接受了。

“对人来说，”正如蒲柏所言，“他们要说什么，就让他们说吧。不用去赞成别人的意见，除非那与他们自己的意见吻合。”我很高兴地了解到：人（人本身就是自然因素的产物）的思维是大脑的一种功能，像人类身体的其余部分一样，受因果律的控制，而这些因果律跟统治星辰及原子运动的那些律则是一样的。我很高兴地想到：这宇宙只不过是一个巨大的机器，在机器里，每个事件都被前面的事件所决定，所以不会有什么异于原有的事情存在。这些观念不仅激发了我的戏剧潜能，也使我充满了一种愉快的解放之感。我以年轻人的激烈态度欢迎“适者生存”的假说。我很高兴地知道：地球是一个泥点，沿着一颗渐渐变冷的二等星旋转，而产生人类的进化过程会强迫人类去适应其环境，剥夺他们不必要的特性，只留下那些必要的，使他们能跟有增无减的寒冷对抗的特性。直到最后，这行星如同冰碴儿，不再有一丁点儿的生命迹象。我相信，在命运无情的摆布下，我们只是可怜的木偶。而我们受到亘古不变的自然法则的束缚，注定要为了生存，参与到无休止的争斗中，并且，除了不可避免的失败外，没有什么可以期待的。我了解到，人是被一种野蛮的利己主义所驱动的，“爱”只是自然为了达到种族的延续，而在我们身上所玩弄的一个龌龊的诡计。我想，不管人们设定了什么目标，他们都被自己蒙骗了，因为除了自私和享乐外，他们不可能有其他目标。

有一次我凑巧帮了一个朋友的忙（为了什么原因，我并没有细想，因为我知道人的所有行为都是自私的），而他为了表达感激（他当然不必如此，因为我的热心举动是十分明确的），就问我要一件什么东西当礼物，我毫不犹豫地回答说：要赫伯特·斯宾塞的《第一项原则》[1]。我满足地读了这本书。但是我不能忍受斯宾塞对进化所持的感伤态度。我所知道的世界正从坏的境地走向更坏的境地，我一想到我那些已经很长时间不再想起艺术、科

---

1. 赫伯特·斯宾塞（Herbert Spencer，1820—1903）：英国哲学家，早在达尔文的《物种起源》发表之前就提出了社会进化的思想，极力主张把生物学中“生存竞争、适者生存”的学说应用于社会领域。早在1902年，严复即以《群学肄言》为书名把他的代表作《社会学研究》译介到中国。《第一项原则》（*First Principles*）是其代表作之一。

学和手工艺的子孙，赤裸着身体在山洞里瑟缩着，注视着寒冷及永夜的来临，我就感到扬扬得意。我是极端的悲观论者。即便如此，我因为有充足的精力，所以总的来说，我还是从生活中得到了大量乐趣。我有野心在作家这个行当里沽名钓誉一番。我置身于每种盛衰浮沉的变化中，只要它们能提供机会让我得到自己所想要的更伟大的经验。此外，只要能拿到手里的书，我都会去读。

· 22 ·

我当时生活在一群年轻人中，他们似乎有比我优越的天赋。他们有着使我羡慕的才能去写作、画画和作曲。他们有一种我自问已经无法获得的艺术鉴赏力和批评的本能。这些人中，有的死去了，我想他们并没有实现自己心中曾有过的诺言，其余活着的，也没有崭露头角。我现在知道，他们所拥有的，就是年轻时上天赋予的青春创造力。写诗与散文，在钢琴上弹出一些小调，描一描，画一画，这一切，对很多年轻人而言都是本能的。那是一种游戏的形式，仅是起因于年轻时的精力充沛，不会比小孩在沙滩上建城堡更有意义。我怀疑，正是我自己的天真使得我更加钦佩朋友们的才能。假如我无知的程度较浅，可能就会了解到：在我心目中曾经看来如此独创的意见，也只是他们得来的二手货，而他们的诗歌和音乐，更多要归功于他们的好记性，而不是生动的想象力。我要指出的是，这种能力即使不是普遍的，至少也是普通的，人们无法从中得出什么结论。青春就是灵感。艺术的悲剧之一，便是看到广大的人群被暂时的活力所误导，而努力把生命奉献于创造中。当他们衰老时，创造力便抛弃了他们，他们还要面临今后漫长的岁月。到那个时候，他们已经不能适应乏味的职业，只好绞尽脑汁，去榨取他们的大脑已经无法得到的素材。当他们最终能以与艺术有关的方式谋生（例如从事新闻工作或教书），就算是幸运了。当然了，我们知道那是一种怎样的辛酸。

当然，艺术家是从天生具备某种才能的人里产生的。没有这种才能，他们就没有天赋，但才能只是天赋的一部分。我们每个人一开始都生活在内心的孤寂中，从我们得到的数据和跟别人的心灵交流里，构成一个适应我们需要的外在世界。因为我们大家都是同样一个进化过程的结果，而我们的环境多多少少又相同，所以我们构建的世界也大略相似。为了方便及简单起见，我们把各自建构的世界看作同一个世界而加以接受，并在口头上称同一个世界。艺术家的特殊性在于，他在某些特别的方面跟其他人不同，所以他建造的世界也不同。这种特性就是他高于普通人的才能了。当他所描绘的私人世界的图景，跟某一确定数目的人相契合时，不管契合的方式是出于某种奇异，或出于内在的兴趣，或因为跟他们的先见相吻合——因为我们只能和邻居相当接近，但没人会跟他的邻居完全相同，并不是每个人都能从每个方面接受我们共同的世界——此时，他的才能才会被人家承认。假如他是作家，他就会满足读者某种本质上的需要，而这些读者就会跟他一起，过上一种比环境强加给他们的生活更能令他们感到满足的精神生活。但是还有一些其他的人，这种特性并不能与他们契合。他们对这种以自身特性为手段建构的世界没有耐心。这种特性可能会引起他们的反感。那么，艺术家对他们就没话可说了，而他们也会否认艺术家的才能。

我不相信，天才与才能是完全不同的东西。我甚至不敢确信，天才是靠艺术家自然天分里的大不同所决定的。譬如说，我就不认为塞万提斯有特别的写作天分，但很少有人会否认他的天才。在英国文学史上，也不容易发现一个比赫里克[1]更具有天赋的诗人，然而没人会说，除了讨人喜欢的才能外，他还拥有什么。在我看来，天才是由各种创造性天赋共同造就而成的，并且还有一种与之俱来的特性，这种特性能使拥有者从个人角度，站在最高处观察世界。有了这种特性，他所吸引的就不仅仅是某一类型的人，而是所有人。他的私人世界就是普通人的世界，但却更为丰富、更有精髓。他的交流具有普世性，虽然人们可能无法确切地说出这种交流意味着什么，但他们会感受到它的重要性。他是极度正常的。他借着可喜的天赋机遇，带着巨大的活力，以一般人类的健康方式，去看那充满无穷变化的人生。借用马修·阿诺德的话来说，他稳定而完整地看待人生。但天才一个世纪只出现一两个。解剖学课上的所得在这里可以得到应验了：正常的事物才最稀少。因为一个人写了半打巧妙的剧本，或者画了二十张美好的图画，就称他为天才，这是很愚蠢的事，但很多人都会这样做。有才能是很好的事，但有才能的人很少。艺术家光靠才能，只能达到二流的境地，但他不必为此感到不安，因为这二流

1. 罗伯特·赫里克（Robert Herrick，1591—1674）：英国“骑士派”诗人之一，主要写宫廷中的调情作乐和好战骑士为君杀敌的荣誉感，宣扬及时行乐。另外也写有不少清新的田园抒情诗和爱情诗。

的境地里就包含了很多作品不同凡响的艺术家。当你想到，这二流的境地就已经产生了像《红与黑》这样的小说，像《什罗浦郡的浪荡儿》[1]这样的诗歌，像华多[2]的画，你就不会感到多么羞愧了。仅靠才能无法到达顶峰，但可以在带你前往顶峰时，一路上向你展示很多出乎意料的美景：一处人迹罕至的幽谷，一条潺潺流淌的小溪，或是一个富于浪漫色彩的洞窟。人性如此刚愎自用，以至于当它受命去以最广阔的方式探索人性时，有时会犹豫不前。它会从托尔斯泰的《战争与和平》的华章中退缩，而满足地转向伏尔泰的《老实人》。长期跟米开朗琪罗画在西斯廷教堂穹顶的画生活在一起，是件苦差事，但任何人都可能跟索尔兹伯里大教堂里康斯太勃尔[3]的画作生活在一起。

我的同情心是有限的。我只能是我自己，部分是天赋的原因，部分是我生活环境的关系，我只能是部分的我自己。我不是社会人。我不能喝醉了酒之后对我的同胞们产生一种伟大的爱。狂欢的娱乐常常使我厌倦。当人们坐在酒馆里，或者坐在小船上沿河漂流，开始唱起歌来时，我却保持沉默。我甚至从没唱过一首赞美诗。我不太喜欢被触碰的感觉。当别人用手臂来勾住我的

---

1. 《什罗浦郡的浪荡儿》（*A Shropshire Lad*）：英国诗人阿尔弗雷德·爱德华·豪斯曼（Alfred Edward Housman，1859—1936）的代表作。

2. 让-安东尼·华多（Jean-Antoine Watteau，1684—1721）：法国18世纪洛可可时期的重要画家。

3. 约翰·康斯太勃尔（John Constable，1776—1837）：英国皇家美术学院院士，19世纪英国最伟大的风景画家之一。

手臂时，我常常要费一点力气，才能控制住自己不去挣脱开。我从不能忘掉自己。这世界的歇斯底里让我不快。当我身处一群沉迷于欢乐或忧愁的激烈感情中的人中时，我的疏离感最为强烈。虽然有好多次陷入爱河，但我从未感受过被爱的幸福滋味。我知道这种滋味是生命所能给予我们的最好礼物，几乎所有人都从中得到过享受，虽然可能只是暂时的。我最爱那些对我不太留意或毫不在意的人。人们一旦爱上我，我就会感到尴尬。这是我从不知道如何应付的困境。为了不伤害他们的感情，我常常装出一种我从没真正体会过的热情。如果可能，我就温和地，如果不可能，我就恼火地，试着去逃离他们加在我身上的爱情的束缚。我唯恐失去自己的孑然独立。我无法完全地屈服。因为这样，我从没感受过正常人的一些基本情感，所以，我的作品里不可能有最伟大的作家才能赋予的那种亲密性，那种宽广的人文关怀和动物般的安详。

· 23 ·

让大众置身幕后是件危险的事。他们的幻象很容易破灭，然后会对你生气，因为幻象才是他们喜爱的。他们不知道使你感兴趣的正是你制造幻象的方式。安东尼 · 特罗洛普[1]的作品已三十年没人去读了，就因为他曾向大众坦言，他在固定的时间里写作，并且小心留意地为他的作品获取最大的收益。

但对我来讲，我的人生已快到尽头了，再隐藏事实只会让我觉得别扭。我不愿意有人把我想得比本来的更好。让那些喜欢我的人认识我的真面目，其他人就离我远去吧。我的性格胜于智力，智力又胜于特殊的天分。很多年以前，我跟一位迷人而杰出的批评家说过这样的话。我不知道为什么会这样说，因为我不是很喜欢在普通朋友里谈到我自己。那是在大战爆发后的几个月

1. 安东尼 · 特罗洛普（Anthony Trollope，1815—1882）：英国维多利亚时期小说家，代表作为《巴塞特郡纪事》（*Chronicles of Barsetshire*）。

里，我们在蒙迪迪耶[1]，在前往佩罗讷[2]的途中吃午饭。我们已辛苦工作了几天，吃一顿饭，消磨一下时间，也是一种乐趣，而且我们食欲很好，这顿饭也非常对胃口。我想，我是因为喝了酒后脸色开始泛红，并且当我根据市场里的一个人像，发现把马铃薯介绍进法国的那位帕尔芒捷就出生在蒙迪迪耶后，我就因此兴奋起来了。总之，在我们懒散地喝着咖啡和利口酒[3]时，我的心有所动，开始对自己的才能做起了敏锐而坦白的分析。几年以后，在一份重要报纸的专栏里，我读到这些几乎用我的原话写成的分析时，感到很不安。我有点儿恼怒，因为自己讲自己的真实事情，和借由别人之口讲出来，这两者是大为不同的。我本来应该喜欢那个批评家的，因为他还郑重其事地说，这些都是他听我亲口说的。但我还是自我责备了一番。我想，当然那个批评家应该乐于自认为有一双慧眼。而事实也是如此。这对我有点儿不幸，因为那个批评家还相当有影响力，他在文章里说的这些，都被反复引用着。有一次我又坦白地告诉读者说，我具有非凡的能力。人们当然认为，除非我自己说出来，不然批评家们是不会发现这点的，但从那时起，这个形容词就公然而轻蔑地加在我身上了。这

---

1. 蒙迪迪耶（Montdidier）：位于法国北部皮卡第大区索姆省的市镇，以古城闻名的旅游胜地。

2. 佩罗讷（Péronne）：位于法国北部皮卡第大区索姆省的市镇，垂钓和狩猎者的天堂，临近第一次世界大战中松姆河战役的发生地。

3. 利口酒：也被称为餐后甜酒，是由法文 Liqueur 音译而来的，以蒸馏酒（白兰地、威士忌、朗姆酒、金酒、伏特加）为基酒配制各种调香物品，并经过甜化处理的酒精饮料。

么多跟艺术并没有直接关系的人，竟如此轻视这种能力，这让我感到有些奇怪。

人家告诉我说，有天生的歌唱家，也有后天的歌唱家，虽然后天的歌唱家也需要有一些歌唱的天赋，但他大部分的成就却都要归功于训练。有了品位和音乐上的能力，后天的歌唱家就能弥补他器官上相对的贫弱不足，而他的歌唱尤其能给予鉴赏家很大的愉快。但他就是无法像天生的歌唱家那样，以纯粹而鸟儿似的声调使你感动得欣喜若狂。天生的歌唱家可能没有受过充足的训练，可能既没有技巧也没有知识，可能蹂躏艺术所有的法则，但那是使你着迷的声音魔力。当这些天堂似的声音魅惑了你的耳朵时，你就忘记了他的自由散漫，他的卑俗粗鄙，他的诉诸直白感情的力量。我是一个后天的作家。但是，假如我认为自己的成果要归功于我深思熟虑后实现的一种计划，那就未免有些虚荣了。我被很单纯的动机导向各种不同的经历，而只有在回顾之余，我才发现我自己下意识地在为某一个目标努力。这个目标发展了我的性格，弥补了我天赋里的不足。

我拥有清晰而有逻辑的头脑，但它并不灵巧也并不强有力。一直以来，我都希望有更好的头脑。我过去常常因为我的头脑不能按我希望的方式运转而大为恼怒。我就像一个数学家，只能加加减减，虽然想去应付各种更复杂的演算公式，却知道自己绝对没有那种能力。我花了很长一段时间，才说服自己去尽量利用我所有的能力。我想，我的头脑已经足够好，能让我在从事不同职业时都取得成功。我并非那种除了自己的专业以外，在其他方面都是傻瓜的人。我知道，在法律、医药和政治领域，具有清晰的思维和对人性的洞察力，是很有用的。

我有一个长处，我从不缺少“写作主题”。我脑子里的故事多得没时间写出来。我常听到作家们抱怨说，他们想写，但没有什么可写的。我记得有一个名作家曾告诉我，为了寻找主题，她在通读一本书，里面摘录了所有曾被用过的情节。我从没遇到这种情形。我们知道，斯威夫特曾说过，任何题目他都能写。有一次人家向他挑战，要他写一篇关于扫帚的论文，他很出色地写出来了。我几乎要说，如果不能从一个人身上获得素材，写出一篇有关他的可读的故事，那我跟他连一个小时都待不下去。脑子里有这么多故事，所以不管你心情如何，都会有一个故事，让你的幻想能在其中徜徉一两个小时，或是一个星期，而这是令人愉快的。幻想是创造性想象的基础，是艺术家的特权，幻想对艺术家而言，是进入现实的一种方式，而不像对其他人那样是对现实的逃避。艺术家的幻想是有目的的，幻想给他提供了一种喜悦，和这种喜悦相比，感官的愉悦就显得失色了，同时幻想也给了他自由的保障。有时他宁愿坐着享受幻想的快乐，而不愿忍受执笔写作带来的苦闷和失落，这也没什么好奇怪的。

虽然我塑造过各种不同的角色，但这并不奇怪，因为人有着不同的种类，不过，我的想象力还是很贫乏。我把活生生的人按照他们性格所展示的，放在不管是悲剧还是喜剧的环境里。我或许可以说，他们之间自己就发生了故事。我无法像某些作家那样乘着想象宽广的翅翼，升入天空，进行伟大而持续的飞行。我那从来就不旺盛的想象力，被我的对于可能性的感知所阻碍。我创作的是画架上的画，不是壁画。

· 24 ·

我衷心希望年轻时有一个明智的人来指导我的阅读。我回想起花费在那些没什么益处的书本上的时间时，就要叹息一番。我把所得到的小小指引归功于一个年轻人。

我到海德堡时，他跟我住在同一户人家里。就叫他布朗好了。他那时二十六岁。离开剑桥后，他取得了律师的资格。他有一点钱，在那物价并不昂贵的日子里，靠这些钱足够过活了。他发觉自己对法律没兴趣，就下决心要献身于文学。于是他到海德堡学德文。我认识他有四十年之久，直到他死去为止。头二十年里，他以思考着如果写作的话，要写些什么东西而自娱，另外二十年，他以思考着假如命运更加仁慈的话，他本该写成什么东西而自娱。他写了很多诗，但他没有想象力，也没有热情，耳朵又有毛病。他花了几年时间翻译其中大部分已经被人翻译过的柏拉图对话。不过我怀疑他是否曾把一个对话翻译完。他完全没有意志力，多愁善感，而且虚荣。他虽然个头矮小，但很英俊，轮廓美好分明，头发鬈曲，眼睛呈淡蓝色，带有一种渴望什么的表情，看起来就像人们想象中诗人的样子。

在完全懒散地过完大半生之后，他步入老年，头秃了，脸也憔悴了，显出一种苦行僧的神态，让人以为他是长年献身于热诚和无私研究的大学老师。他表情里的灵性，表现出一个哲学家在探索存在的秘密，发觉除了虚无外别无他物后产生的厌倦的怀疑主义。

他渐渐花掉了仅有的那点财产后，宁愿靠别人的慷慨施舍，也不愿自己去工作。他时常发觉，要勉强维持生计并不容易。他永远显得自我满足。自我满足使他能够听任自己忍受贫穷，以漠然的态度忍受失败。我想，他从来也没有意识到他是一个可恶的骗子。他全部的生命就是一个谎言，但当他要死时（假如他意识到他也会死的话，幸运的是他并没有意识到），我确定，他会认为他的一生过得还不错。他有魅力，没有嫉妒心，虽然太自私，不肯帮别人什么忙，但也不是不近人情。

他对文学有真正的鉴赏力。有一次我们一起在海德堡的小山上散步了很久，他跟我谈起书籍。我们又谈到意大利和希腊，而他对这两个国家事实上都不了解，但是他激起了我年轻的想象力，我开始学习意大利语。我以改宗者的热诚接受他告诉我的每件事。我不应该责备他，因为他启发了我，使我对时间已证明并不令人敬佩的作品产生了热情的敬慕。他到达时，看到我在读从图书馆借来的《汤姆 · 琼斯》，就告诉我说，当然这书并无害处，但是我应该读一读《十字路口的黛安娜》[1]。即使他当时是一

---

1. 《十字路口的黛安娜》（*Diana of the Crossways*）：英国作家乔治 · 梅瑞狄斯的作品。

个柏拉图主义者，他还是给了我雪莱翻译的《会饮篇》[1]。他跟我谈到勒南[2]、纽曼主教和马修 · 阿诺德，他认为阿诺德有点市侩气。他跟我谈到斯温伯恩的《诗与谣》以及奥马尔 · 海亚姆[3]。他熟记了不少四行诗，在散步时背诵给我听。我被两种不同的情绪所分割：一是诗句中浪漫的伊壁鸠鲁式享乐主义的热情，一是布朗朗诵诗时引起的尴尬，因为他朗诵时就像一个高教会派的助理牧师，在晦暗的教堂地下室里，念着连祷文似的。他说，假如你要成为文化人而非英国的市侩，那么有两个作家必须加以钦佩：瓦尔特 · 佩特和乔治 · 梅瑞狄斯。我做好充分准备按他的话去做，以达到这个让人向往的目标，尽管大家会认为不可思议，我的确是大笑着读了《沙格帕修面》[4]。我认为这本小说无比有趣。然后，我一本又一本地读着梅瑞狄斯的小说。我认为他的小说美妙，但其实并不如自己对外声称的那样美妙。我的敬慕之情是不自然的。我敬慕，因为敬慕是一个有教养的年轻人的一部分，我沉醉在自己的热情里，不去听从内心不断想要挑毛病

1. 《会饮篇》（*The Symposium*）：古希腊哲学家柏拉图的对话式作品，又译作《飨宴篇》《宴话篇》，以对话和演讲的形式写成，背景是古希腊一群男子在酒宴中的谈话，所讨论的主题是爱的本质。

2. 欧内斯特 · 勒南（Ernest Renan，1823—1892）：法国哲学家、历史学家和宗教学家，著有《基督教起源的历史》《科学的未来》等书。

3. 奥马尔 · 海亚姆（Omar Khayyám，1048—1131）：又译作莪默 · 伽亚谟，古代波斯诗人、数学家、天文学家，代表作为《鲁拜集》等。“鲁拜”为波斯语的音译，意为“四行诗”。

4. 《沙格帕修面》（*The Shaving of Shagpat*）：英国作家乔治 · 梅瑞狄斯早期模仿《天方夜谭》创作的作品。

的微弱声音。现在，我知道在这些小说里有很多浮夸的文辞。但奇怪的是，再读时我却重新捕捉到了最初读的感觉。这些小说现在对我是丰盛的精神食粮，使我看到阳光照耀的早晨，我正在觉醒的才智，我甜美的青春梦想。所以，当我合上一本梅瑞狄斯的小说，比如《埃文 · 哈林顿》（*Evan Harrington*）时，虽然内心认定它的不真诚令人恼火，它的势利让人反感，它的累赘令人难忍，发誓不再读另一本时，我的心还是软了，还是认为那本小说很好。

另一方面，我也在以一种相同的兴奋之情读瓦尔特 · 佩特的作品，却并没有上述的感觉。再怎么愉快地联想，也不能使我觉得他配得上那些他并不具备的优点。我发觉他像阿尔玛 - 塔德玛[1]的画那样乏味。奇怪的是，有人会钦佩那样的散文。他的散文不流畅，没有风格，就像一个手艺平庸的人，仔细镶嵌着用来装饰车站餐厅墙壁的马赛克图案。佩特对于他周围生活的态度显得疏离，有点目空无人的绅士派头，简而言之，学究似的，使我不敢领教。我们应该以热情和力量来欣赏艺术，而非以谈话时怕人吹毛求疵而显出不冷不热和自我贬抑的风雅。但瓦尔特 · 佩特是个无力的人，用不着强烈地谴责他。我不喜欢他，倒不是因为他这个人，而是因为他是文学世界里平凡而可厌的典型之一。他是一个充满文化自负的人。

---

1. 劳伦斯 · 阿尔玛 - 塔德玛（Lawrence Alma-Tadema，1836—1912）：荷兰裔英国画家，作品以描绘古代世界（中世纪前）闻名。

文化的价值，在于其对品性的影响。除非文化能使品性变得高贵有力，否则就毫无用处。文化之功用在于人生，其目的不在美，而在于善。我们知道文化常常引起自我满足。谁没有见过学者纠正引文错误时的抿嘴微笑，还有鉴赏家听到有人赞美他不喜欢的图画时，脸上的痛苦表情？读完一千本书的价值，并不比犁过一千片田地大。能够正确地描述一幅画，其价值也并不多于能够找出一辆熄火的汽车毛病在哪儿。每个行当都有其专门的知识。股票经纪人有其知识，工匠也有其知识。知识分子如果认为只有他们的知识才有用，那就是愚蠢的偏见。真、善、美，并不是那些上过学费昂贵的学校，那些泡在图书馆里，还有那些经常进出博物馆的人的特权。艺术家没有任何理由认为自己高人一等。假如他认为他的知识比别人的重要，那他就是一个蠢货，如果他不能平等而愉快地面对别人，那他就是一个白痴。阿诺德在坚持反庸俗主义时，对文化造成了巨大的伤害。

· 25 ·

十八岁时，我懂得法语、德语和一些意大利语，但我还是一个受教育程度很低的人，并且深深感觉到了自己的无知。我阅读能拿到手的一切书。我的好奇心已经到了这种程度：我愿意去读一个牛仔的回忆录，或者秘鲁的历史，正如我愿意去读有关普罗旺斯诗歌的论文或者圣 · 奥古斯丁的《忏悔录》[1]。我想，这使我得到了对小说家有用的一定量的通识。人们永远不会知道，一点旁门左道的信息什么时候会派上用场。我把读过的书列成了清单，凑巧其中一张还在我手边。那是我两个月里读的书，但那只是我为自己列的，我也无法确信是否真的全部读完了。清单上显示：我读了三部莎士比亚的戏剧、两卷蒙森[2]的《罗马史》、

1. 希波的圣 - 奥古斯丁（Saint Augustine of Hippo，354—430）：生活在古罗马帝国衰落时期的哲学家、神学家，其著作对整个中世纪的天主教学说影响深远，《忏悔录》为其代表作。

2. 克里斯蒂安 · 马蒂亚斯 · 特奥多尔 · 蒙森（Christian Matthias Theodor Mommsen，1817—1903）：德国历史学家、法学家、政治家，1902 年诺贝尔文学奖得主，《罗马史》为其代表作。

朗松[1]《法国文学史》的一大部分、两三本小说、一些法国古典作品、几本科学著作，还有一本易卜生的剧本。我确实算是用功的学徒。在圣托马斯医院时，我有系统地阅读了英国、法国、意大利和拉丁文学。我读了很多历史、一点哲学，还有很多科学著作。我的好奇心太强了，不允许我有太多的时间去回想我读过的书；我迫不及待地要把一本书看完，同时又迫不及待地要开始看另一本。这常常是一种冒险，我开始读一本名著，就像一个理性的年轻人要为自己的球队击球，或是一个美丽的女孩要参加舞会那样兴奋。寻求新闻素材的记者时常问我，我生命中最兴奋激动的时刻是什么。假如我不感到惭愧的话，我可能回答说，是我开始读歌德的《浮士德》的时候。我从没失去这种激动的感觉，甚至现在一本书的前面几页时常都使我血脉偾张。阅读对于我是一种休息，就像谈话或玩牌对别人是种休息一样，甚至还不只如此：阅读是一种必需品，假如我被剥夺了这种权利，纵使是短短的时间，我也会像一个嗜毒者被夺去毒品一样光火。我宁愿读一张时间表或一份目录，也不愿闲着什么都不读。这还不算，我花过很多愉快的时间仔细察看陆海军商店的价目表、二手书商名录和拉丁字母表。所有这些都充满了浪漫气息，它们比半数的小说都有趣得多。

我把书籍放在一边，只是因为我意识到时光流逝，而生活

---

1. 古斯塔夫·朗松（Gustave Lanson，1857—1934）：法国文学史家、文学批评家。

才是我的正事。我进入世界，因为我想得到写作需要的经验，这种经验是必需的。但是我进入世界，也是因为我自己想要去经历这个世界。我认为只成为一个作家是不够的。我为自己设计的模式强调：在做人这件奇妙的事情上，我应该最大限度地投入。我想要去感受普通的痛苦，享受普通的愉悦，这些都是普通人命运的一部分。我看不出有何理由，要把感官的需求置于精神欲望的诱惑之下，并且我决心从社会交往和人际关系中，从饮食、私通、奢侈、运动、艺术、旅行，以及——像亨利·詹姆斯所说的——从不管什么之中，实现任何我想要实现的一切。但这得费一番努力，而我常常需要回到书本，回归自我，以此得到慰藉。

然而，虽然我读了这么多，我还是一个笨拙的读者。我读得很慢，也没什么一目十行的本事。我发觉，不管一本书多坏、多使我厌倦，我都很难不把它看完。我没有从头到尾看完的书，掰着手指头都可以数得过来。另外，也很少有我读过两遍的书。我知道有很多书，我无法读一遍就能把握其全部价值，但它们已给了我当时所能得到的全部，尽管我可能会忘记它们的细节，但它们仍然能成为我永远的精神食粮。我知道有人会反复读同样一本书。那是因为他们是在用眼睛，而不是用感受力在读。那是一种机械的练习，像是祈祷者反复转动手里的法器一样。毫无疑问，那种行为并没什么害处，但假如他们认为那是一种与智力有关的活动，那可就错了。

· 26 ·

年轻时，每当我对一本书的本能感觉跟权威批评家的感觉不同时，我就会毫不犹疑地下结论，认为自己错了。我不知道批评家是否常接受传统的观点，我也从没想到他们可以对他们并不太了解的事情妄下结论。很久以后，我才认识到，就艺术作品而言，唯一重要的是我对它的看法。我现在对自己的判断已经有了一定的信心，因为我已注意到，四十年前我对当时读到的作家的本能感觉，以及我因不合时代意见而未加以保留的，现在却相当普遍地被接受了。尽管这样，我还是读大量的批评文章，因为我想批评是一种让人愉快的文学体裁。人们并不总是要通过阅读来让他们的灵魂获益，如果你要消磨掉一两个小时的时间，那么读一卷批评是最令人愉快的方法了。意见相同固然有趣，意见不同也很有趣。知道一个聪明人对某些你从来没有机会去读的作家的作品的意见，比如亨利 · 摩尔[1]或者理查森[2]的作品，常常是很有趣的。

但一本书里唯一重要的东西，是书对你的意义；书对批评家可能有其他和更加深远的意义，但意义经过转手之后，对你的贡献就小了。我不是为“书”而读书，而是为“我”而读书。对书加以判断不是我的事，我只是尽可能地加以吸收，就像变形虫吸收异体的微粒一样，而我不能吸收的，就跟我没太大关系了。我不是学者、学生或者批评家，我是一个职业作家，现在我只读职业上对我有用的东西。任何人都可以写一本书，推翻几个世纪来人们研究托勒密学说的书，而我不去读也没关系。他也可以描写巴塔哥尼亚[3]腹地的惊奇冒险历程，我也同样不会加以关心。写小说的作家除了专心于他自己写作方面的主题外，不必成为任何主题的专家。相反地，成为任何主题的专家对他是有害的，因为人性是软弱的，他难以抵抗不适当地使用专业知识的诱惑。小说家过于专业化并非明智之举。19 世纪 90 年代盛行的使用大量行话的风气令人厌倦。不这样做，也是可以写得栩栩如生的，而在当时则是以无聊为代价来换取这种氛围的。小说家应该知道一些

---

1. 亨利 · 摩尔（Henry More，1614—1687）：神学家、自然哲学家，17 世纪英国剑桥柏拉图学派代表人物之一。

2. 塞缪尔 · 理查森（Samuel Richardson，1689—1761）：英国小说家，关注婚姻道德问题，多以女仆或中产阶级女性为主人公，代表作《帕梅拉》（*Pamela*）。

3. 巴塔哥尼亚（Patagonia）：大部分位于阿根廷境内，小部分属于智利，约 67 万平方千米，由广阔的草原和沙漠组成。

支配着人的重大问题，因为人是小说家的主题。不过一般讲来，只要他对此略有了解也就足够了。无论如何，他要避免掉书袋。即便如此，写作的主题还是如此广大，我努力把自己限制在对自己的目的有意义的作品上。你从不会对你的角色有足够的了解。传记和回忆录以及专门性的作品，都时常会给你提供私密的细节、难忘的感动和富于启发性的暗示，这些你都永远无法从一个活生生的模特身上得到。人是难以了解的，要劝诱他们把有关他们自己且对你有用的特殊事情讲给你听，是件花时间的事。他们有一个缺点：你不能像看书一样，看了就把他们放在一边，某种程度上来说，你必须整卷读完，而后才会明白，你能知道的东西也没那么多。

· 27 ·

急于写作的年轻人，有时虚心求教，要我告诉他们一些需要读的书。我告诉他们了，但他们很少去读，因为他们似乎没什么好奇心。他们不关心他们的前辈做了什么。在他们读了两三本伍尔芙[1]的小说，一本福斯特[2]，几本劳伦斯[3]，以及很奇怪的《福赛特世家》[4]之后，他们就认为，关于小说艺术方面需要知道的每件事，他们都知道了。真的，当代文学有讨好读者的生动性，这是

1. 艾德琳 · 弗吉尼亚 · 伍尔芙（Adeline Virginia Woolf，1882—1941）：英国女作家、文学批评家、文学理论家，被誉为20世纪现代主义与女性主义的先锋。

2. E.M. 福斯特（Edward Morgan Forster，1879—1970）：英国著名小说家、散文家和批评家，多次被提名为诺贝尔文学奖候选人，多部小说被改编为电影，被认为是20世纪最伟大的小说家之一。

3. D.H. 劳伦斯（David Herbert Lawrence，1885—1930）：英国诗人、小说家、散文家，20世纪最富争议的作家之一，著有多部惊世骇俗的作品。

4. 《福赛特世家》（*The Forsyte Saga*）：英国小说家、剧作家、诺贝尔文学奖得主约翰 · 高尔斯华绥（John Galsworthy，1867—1933）的长篇小说代表作。

古典文学所没有的，而年轻的作家能知道他的同代人正在写些什么和如何写，这对他们是好的。但是文学里也有时尚，而要说出当下碰巧在流行的写作风格有什么内在价值，这并不容易。熟悉过去伟大的作品，可以为比较提供很好的标准。我时常想，很多作家，尽管他们有着明显的才智和技巧，却时常遭受失败，其原因是否在于他们的无知呢。他们写了两三本不但出色并且成熟的书，然后他们就完了。这种情形并不能使一个国家的文学作品丰富起来。为了丰富一个国家的文学，我们必须有的，不是只能写出两三本书的作家，而是要能写出大量作品的作家。这些作品的水平当然会参差不齐，因为要产生一本杰作，必须有很多幸运的条件相配合。一部杰作更可能诞生于辛苦劳作的最高点，而非自学而成的天才的幸运和侥幸。一个作家只有自我更新才能多产，而要多产，就得让他的灵魂不断受到新鲜经验的滋养。没有什么比对过去伟大文学的迷人探险更能提供这样的源泉了。

因为一件艺术作品的产生，并不是奇迹的结果。艺术作品的产生需要准备工作，土壤想要一直肥沃，就得施肥。艺术家必须深思熟虑，必须辛勤地努力，以扩大、加深和多样化自己的个性。然后土壤必须休耕。此时艺术家就像基督的新娘一样，等待着光明照耀，带来新的启示。他耐心地从事他的职业，下意识地进行着某种神秘工作。然后，忽然之间想法喷薄而出，你会认为这些都是从无到有的。但就像播种在石地里的谷粒一样，这些想法也很容易凋残，需要精心细致地照顾。艺术家全部的思考力，还有他全部的技巧、经验，以及拥有的一切有关他性格和个性的东西，都必须用来从事这项工作，这样他就可以历经艰辛后，以合适的完整性把作品呈现出来。

当我忠告年轻人去读莎士比亚和斯威夫特时——我也是应他们的要求才说的，我并不会感到不耐烦，而他们告诉我说，他们在幼儿园就读过《格列佛游记》，在学校里就读过《亨利四世》，而假如他们发现《名利场》难以卒读，发现《安娜·卡列尼娜》毫无价值，那是他们自己的事。除非你享受阅读的乐趣，否则作品就没价值。对他们至少可以这么说：他们没有受过因为对知识自满而带来的痛苦。他们没有被一种广阔的文明所感染，从而消除掉对普通人的同情（普通人到底是他们的素材）。他们更接近广大的人群，他们所从事的艺术并不神秘，是跟任何技术处于平等地位的。他们自然而然地写着小说和戏剧，就像其他人制造汽车那样。这是甚为良好的现象。因为艺术家，尤其是作家，是要在他们自己思想的孤独王国里，建立起一个跟别人不同的世界，使他成为作家的那种特性，把他和别人区分开，从而出现了一种矛盾的现象：虽然他的目的是真实地描写别人，但他的天分却阻止他去了解人们的真面目。就好像他急切地要去看一个东西，但他的观看，却是在眼前拉下一层纱幕，使对象变得模糊。作家置身于自己的举动之外。他是一个从未在角色中失去自我的喜剧演员，因为他既是演员也是观众。诗是平静时回想起来的情感，这种说法很合适，但诗人的情感是特殊的，诗人的情感超越常人，总是有私欲的成分。这就是为什么带着本能的判断力的女人，时常发现诗人之爱不令人满足的原因了。也许正因如此，现在的作家似乎离他们的素材更加接近，他们就像一群身处常人之中的常人，而非普通人中带有特质的艺术家。正是这样的作家，才可能推倒由特殊天分建起的藩篱，从而比以前更接近平白的事实。

· 28 ·

我具有知识分子的全然狂傲，而假如（如同我希望的）我现在已失去了这种狂傲，则必须归功于我比大部分作家有更多机会到处旅行，而不是归功于我自己的美德或智慧。我喜爱英国，但在国内我从没有过家的感觉。我跟英国人在一起时，时常感到羞怯。对我来讲，英国是这样一个国家：我对她有着不愿意履行的义务，以及使我苦恼的责任。除非英伦海峡把我的祖国和我隔开，否则我从没感觉到完整的自己。一些幸运的人在他们自己的思想里发现了自由，我的精神力量比他们少，只在旅行中发现了自由。我还在海德堡时，就设法去观光了德国的很多地方（在慕尼黑时，我看到易卜生喝着一杯啤酒，愁容满面地在看报纸）。我也去过瑞士，但我第一次真正的旅行却是去意大利。去之前，我饱读了瓦尔特·佩特、拉斯金和约翰·阿丁顿·西蒙兹[1]的

1. 约翰·阿丁顿·西蒙兹（John Addington Symonds，1840—1893）：英国诗人、文学批评家、历史学家。多次漫游欧洲大陆，代表作为七卷本《意大利文艺复兴》。另为但丁、米开朗琪罗、薄伽丘、莎士比亚、惠特曼等人立传，并有若干诗集行世。

作品。我有六个星期复活节的假期可以自由支配，口袋里还有二十英镑。我在热那亚和比萨步履沉重地进行了长途跋涉，就为了在雪莱曾读过的索福克勒斯，以及写过一首关于吉他的诗的松树林里坐上一会儿。然后，有将近一个月的时间，我住在佛罗伦萨一个寡妇家里。我跟她的女儿一同读但丁的《炼狱篇》，并且手里拿着拉斯金的作品，辛苦了好几天，观光各个景点。我景仰拉斯金叫我去景仰的一切（甚至包括那可怕的乔托钟塔[1]），而对他所谴责的，我也不屑一顾。他从来没有过比我更热诚的门徒了。之后，我去了威尼斯、维罗纳和米兰，我兴高采烈地回到英国，热衷于鄙夷任何跟我（以及拉斯金）对波堤切利和贝里尼[2]看法不同的人。我那时二十岁。

一年以后，我又去了意大利，最远旅行到那不勒斯，并且发现了卡普里岛。卡普里岛是我见过的最迷人的地方，第二年夏天，我在那里度过了全部的假期。卡普里岛那时少有人知，海滩和市镇之间还没有缆车。夏天很少有人去那里，一天只要花四个先令，你就可以在那儿包膳宿，并且还包括酒钱。你可以从卧室的窗口，看到维苏威火山的景色。当时在那儿的，还有一个诗人和一个比利时作曲家，我从海德堡来的朋友布朗，一两个画

---

1. 乔托钟塔：意大利画家、建筑家乔托·迪邦多内（Giotto di Bondone，1266—1337）于1334年开始建造的四角形柱状塔楼，位于佛罗伦萨圣母百花大教堂旁，高82米，内有阶梯可达顶部。

2. 桑德罗·波堤切利（Sandro Botticelli，1445—1510）和雅科波·贝里尼（Jacopo Bellini，1400—1470）均为意大利画家。

家、一个雕刻家（哈佛 · 托马斯）和一个内战时为南方打过仗的美国上校。他们在阿纳卡普里的上校家，或者在皮亚查附近的莫尔加诺酒馆，谈论艺术、美、文学和罗马史，我兴奋不已地倾听着他们的谈话。我看到两个人指着对方的喉咙争论，因为他们对埃雷迪亚[1]十四行诗的优点意见不同。我想，这一切都是了不起的事务。艺术，为艺术而艺术，是世界上唯一重要的事，而只有艺术家给这个荒谬的世界以意义。政治、商业，某种专门的职业——从绝对的观点看来，意味着什么呢？我的这些朋友（绝对，每一个都绝对）可能会对一首十四行诗的价值，或者对一块希腊浅浮雕（希腊，天哪，我告诉你，那是罗马的复制品，而我告诉你的事都是真的）的优美意见不一，但他们大家都同意这一点：他们都燃烧着猛烈的、宝石般的火焰。我太羞怯，没有告诉他们，我已经写了一部小说，并且另一部也已完成了一半。虽然我也燃烧着猛烈的、如宝石般的火焰，但我被当作只关心尸体解剖，只会在乘人不备时，给最好的朋友一剂灌肠药的庸碌之辈，这对我是莫大的耻辱。

1. 若瑟 - 马里亚 · 德 · 埃雷迪亚（José-Maria de Heredia，1842—1905）：生于古巴的法国诗人。

· 29 ·

现在，我有资格了。我已经出版了一本小说，并且获得了意想不到的成功。我想，我已经确定了我的前途，因此就放弃医学，到西班牙去了，想成为一个作家。我那时二十三岁。我想，我那时比现在跟我同样年龄的人更加无知。我在塞维利亚安居下来，留了胡子，抽起菲律宾雪茄，开始学习弹吉他。我买了一顶平顶的宽边帽，戴着这顶帽子，我摇摇摆摆走向西尔帕斯街。我还渴望买一件飘逸的披风，有绿色和红色的天鹅绒内衬，但由于价钱太贵了，我没有买成。我骑着朋友借给我的一匹马，在乡村四处游荡着。生活太愉快了，我无法让自己专心于文学。我的计划是，在那儿消磨一年，一直到我学好了西班牙语，然后前往我对其的了解只限于旅行者程度的罗马，完善我对意大利语的浅薄知识，接着就旅行到希腊，在那儿，我想学习当地方言，以便了解古代的希腊，最后，我要到开罗，学习阿拉伯语。这是一个富于野心的计划，但是，我很高兴并没实现它。我按时到达了罗马（我在那儿写了我的第一个剧本），不过之后我就回到西班牙，因为一件我没料想到的事情发生了。我爱上了塞维利亚以及那儿的生活，还偶然爱上了一个有着碧绿色眼睛和怡人微笑的年轻姑娘（但我还是从中走了出来），我经受不住塞维利亚的诱惑。我每年都回来。我游荡在洁白、沉静的街道上，沿着瓜达尔基维尔河漫步，在大教堂附近消磨时间。我去看斗牛，跟漂亮的小姑娘轻松地调情，她们对我的要求，不会超过我微薄的财产所能满足的程度。在花样的青春年龄，住在塞维利亚，直如生活在天堂。我把自己要受的教育推迟到一个更方便的时候。结果是，我没读过其他语种的《奥德赛》，只读过英文本，我也没有实现读阿拉伯语《天方夜谭》的野心。

当知识分子们动手研究俄文时，我记起了加图[1]八十岁才开始学希腊语的事，于是就开始学习俄语。但那时，我已失去了年轻时代的热心。除了阅读契诃夫的戏剧外，我就没有再更进一步，并且早就忘记了我所学到的那一点点了。我现在想，我的这些计划有点荒谬、无意义。语词本身并不重要，重要的是它们的意义。我看不出，懂得半打语言有什么精神上的益处。我碰到过几个会讲数国语言的人，我并没发觉他们比别的人更聪慧。假如你在一个国家旅行时，懂得足够的语言能使你畅行无阻，并且能找到你要吃的东西，这当然方便。另外，假如那个国家有可观的文学作品，能够去读读也是令人愉快的事。像这样的知识是很容易就得到的，企图多学一点语言是无益的。除非你把一生都奉

---

1. 马尔库斯·波尔基乌斯·加图（Marcus Porcius Cato，前234—前149）：古罗马政治家、作家。

献于此，不然你不可能完全掌握另一个国家的语言，你也不会详细地了解这个国家的人民和文学。因为它们，以及它们所表达的文学，并不仅仅是由他们的行为和语词构成的（这两者都不会很难）。还有更重要的是，祖先的本能，与母乳一起吮吸而来的基本感情，以及天生的态度融合造就而成的习惯，这些是外国人永远也无法完全把握的。了解我们自己的人，已经够难了；假如我们，尤其我们英国人，认为我们能了解其他国家的人民，那我们就是在欺骗自己。因为四面环海的岛屿把我们和别人分隔开，而共同的宗教信仰给予的联系，虽曾一度减轻了我们的岛国性质，但最后还是因为宗教改革而突然断裂。花费心血去掌握一种永远止于表面的知识，可以说是不值得的。我那时候认为，略懂一些外语就够了，深入学习它们是浪费时间的事。唯一的例外是法语。因为法语是有教养的人共通的语言，要想能够应付一些突发的话题，那么讲好法语确实是件方便的事。法国有伟大的文学，其他国家，除了英国外，仅有伟大的作家，而没有伟大的文学，而法国对世界其他各地的影响一直到最近二十年，还是很深远的。如果你讲法语能够如同你讲本国语那样容易，那是一件很好的事。你应该把你的法语精练到卓越的地步，但卓越也有限度。通常，你应该提防那些法语讲得很完美的英国人，他很可能是牌场上的职业骗子，或者是一位外交界的随员。

· 30 ·

我并没有一心想做演员。我认识的一些剧作家，每天游荡到正在上演他们作品的剧院去。他们说，这样做是为了看看演员有没有松懈。我猜，其原因是他们爱听别人讲出自己创作的台词，并且永远也听不够。他们在幕间休息时高兴地坐在化妆室里，谈着这一幕、那一幕，思考着为什么那天晚上反响不够好，或者祝贺自己某一幕有多么成功，然后看看演员化妆。他们一直都觉得，当天的剧场八卦是那么地吸引人。他们喜爱剧院，喜爱和剧院有关的一切。他们骨子里都是化妆的油彩。

我从不这样。当道具在防尘罩里，观众席在黑暗中，舞台还没有布置，背景屏堆靠在后墙边，只有脚灯亮着时，我最喜欢这时候的剧院。我在排练时享受过很多快乐时光，我曾经喜欢演员之间随性的友情，喜欢跟他们在街角的饭馆里匆匆吃着午饭，还有下午四点女佣送来的茶点：厚面包片、黄油，配着一杯浓烈的苦茶。我第一个剧本上演时，听到成年的男女说着从我笔尖涌出的那些对白时，那种带着微微战栗的惊喜之情，一直没有从我心里消失过。一个角色在演员那里，从最初没有生气地朗读铅字脚本，到变成和我心目中的构思相似的角色，其间演变的历程，使我兴趣盎然。我的注意力常因一些重要的讨论而转移：一件家具应该确切地放在什么地方，导演的刚愎自用，女演员不满意自己位置而大发脾气，老演员为了抢戏而在舞台中间耍滑头，以及和手头任何主题相关的漫谈。高潮部分是彩排。在一楼门厅的前排坐着六个人，他们是服装师，服服帖帖的，好像是坐在教堂里似的，但却显出处理事务般的一本正经；在表演进行时，他们互相交换着短而急的私语，做着有含义的小手势。你知道，他们在谈裙子的长度、袖口的剪裁、帽子的羽毛，幕布一落下来，他们的嘴里已经咬着别针，匆忙地从后台跑上舞台。导演大喊着“拉幕布”，幕布拉上来时，一个女演员从与两个严厉的黑衣女士的激烈应答中跑开了。

“哦，辛先生，”她叫出来，“我知道那金花边错了，但弗洛思女士说她要拆下来，换成蕾丝边。”

坐在前排的还有摄影师、管理层、售票室的男人、女演员的母亲们、男演员的妻子们、你自己的经纪人、你的一个女朋友，以及三四个已经二十年来都没接过戏的老演员。这些是完美的观众。每场戏完后，导演就读出他记下来的评语。电工那边还有一场口角，除了照料开关外，他们没事可做，可是连开关他们也按错了。剧作者对这种疏忽愤愤不平，但同时认为，电工们一定是因为太沉迷于剧情才忘掉了本身的工作，所以就原谅了他们。可能一个小的场景要重复演出，然后是安排有效的布景，而闪光灯忽地闪了几下，照片也拍好了。幕布放下来，以便安排下一场的布景，演员们就散开到各自的化妆室去换装。服装师不见了，老演员们偷偷走到角落里喝一杯。管理层沮丧地吸着廉价香烟，演员的妻子和母亲们彼此低声交谈着，而作者的经纪人则读着晚报上的赛马消息。这一切都显得不真实而令人兴奋。最后，服装师穿过防火门，重新坐回他们的位子，相互竞争的公司代表们高傲地保持着距离，舞台经理的头在幕布附近出现。

“都准备好了，辛先生。”他说。

“好了。开始。升幕。”

不过彩排是我的戏剧带给我的最后乐趣。早期几部戏剧上演的头几个晚上，我都如坐针毡，因为我的将来都寄托在这上面了。当《弗雷德里克夫人》（*Lady Frederick*）上演时，我已经快花光二十一岁时继承的那点小钱。我的小说没法给我带来足够的生活费用，而我也不能指望写新闻赚钱。我时常得到写书评的机会，有一次我还说服一个编辑，由我来给一出戏写短评，但显然我在那方面没天分，事实上，那位编辑告诉我，说我没有剧场感。假如《弗雷德里克夫人》失败了，我似乎别无出路，只能回医院去，用一年时间温习我的医学知识，然后找一艘船，谋一个外科医生的职位。那时候，外科医生是大多数人谋求的职位，有伦敦当地大学学位的人很少申请这种职位。后来，我变成一个成功的剧作家，在戏剧开演的最初几个晚上，我到剧院去时，都会警觉地从观众的反应中辨别我的能力是否衰退。我尽力在观众中把自己忘掉。其实对观众来说，首演只是介于七点半的小吃和十一点的晚餐之间的趣事，演出成功与否并不要紧。我试着以如同参加别人的“最初几晚”的态度去参加我的“最初几晚”，我发觉那是令人不愉快的经验。听到回报愉快的戏谑所发出的笑声，或者一场让观众愉悦的戏剧终落幕时，随之而来的掌声，这些对我并没有什么好处。事实是，甚至在我最轻松的剧本里，我都投入了太多的自我，以至于听到“自我”展露在一群人面前时，我就会感到尴尬。因为那是我自己写的语句，里面有我不愿意与公众分享的亲密。甚至去看被翻译成其他语言后上演的剧作，身为观众中完全不为人知的一员坐在剧院时，我也有这种不合理的感觉。说实在的，假如不是为了看看观众对自己剧本的反应，以便学习如何去写戏的话，不管是首演还是其他场次，我都不应该去看的。

· 31 ·

演员是一种很难的职业。我说的并不是现在那些有张漂亮脸孔，所以才上舞台的年轻女人，假如有张好看的脸是成为打字员的条件之一，她们可能已经坐到办公室里去了。我说的也不是那些只有身材好，但没有其他特别才华而登上舞台的年轻男人。他们在这一行里飘进飘出；女人们结婚了，男人们进了酒商的公司，或做着室内装潢的工作。我说的是职业演员。他们有天分，并且渴望着发挥这种天分。演员这种职业，需要辛勤工作以达到精通的地步，所以，当一个演员知道如何饰演各种角色时，通常他已经老得只能演几种角色了。演戏需要无限的耐心，其中充满着失望。演员必须忍受长时间强加的无所事事。奖赏微少，报酬也是不足的。演员受运气和观众不稳定的偏爱所摆布。他一旦不能取悦于人，就会被忘得一干二净。到时候，曾经是群众偶像那件事，对他并没有什么好处。他会在大家的无动于衷里饿死。一想到这儿，我就觉得对那些在浪尖上矫揉造作的演员，以及对他的苛求和虚荣，会更容易采取宽大为怀的态度了。假如他喜欢的话，让他浮夸，让他荒谬吧。这一切都只能维持短短的时间。何况他的一切自负，也都是他才能的一部分。

有一段时期，舞台成了通往浪漫之门，每个跟舞台有关联的人，似乎都显得神秘而让人兴奋。在18世纪的文明社会里，演员赋予了生活一种幻想的成分。他们脱离秩序的存在，对理性时代的想象力是一种诱惑，而他们所扮演的英雄角色、他们所念的诗，则在他们的头顶加上了一层光环。在歌德的《威廉 · 迈斯特》这本美妙却被人忽略的书里，你可以看到，这位诗人以何等的温柔之情看待那二流的巡演剧团。而在19世纪里，演员可以逃避工业时代的体面。他们身上那种被视为波希米亚风的气质，刺激了被迫在办公室里赚钱糊口的那些年轻人的想象力。演员是严肃世界里的浪荡者，是谨慎世界里的轻率者，而幻想给他们披上了一层迷人的外衣。在维克多 · 雨果的《见闻录》里，有一段因为无意识的幽默而令人感动的文字。文中那个敏感的小人物带着对狂野的敬畏、惊奇和一点嫉妒之心，描绘了他跟一个女演员的晚宴。他生命中第一次感受到了一个了不起的角色。天哪，在她的公寓里，你将看到香槟是怎样流淌着，那迷人的奢华，那闪耀的银器，那华美的虎皮！

荣耀已经不复存在。演员们安定下来了，变得令人可敬并且富有。他们讨厌被视为跟一般人不同的族群，他们竭力表现得跟其他人一样。他们毫无修饰地在光天化日之下出现在我们面前，恳求我们把他们也当成一样在打高尔夫球、一样在纳税、一样在思想的男男女女。我认为这全是一派胡言。

我曾经相当熟悉很多演员。我发现他们是很好的伙伴。他们模仿的天分，他们讲故事的技巧，他们敏捷的机智，让他们特别能使人感到快活。他们慷慨、友善、勇敢。但我就是不能把他们当正常人类看待。我从来无法跟他们亲近起来。他们像填字游戏的字谜，我们找不到适合的字的线索。我想，事实上，他们的性格是由他们扮演的角色组成的，而其基础并无确定之形。那是一种柔软的、有可塑性的东西，可以变成任何形状，可以在其上涂以任何颜色。一个机智的作家曾经说，很久以来演员都一直被拒绝埋葬在圣地，这事并不令人惊奇，因为如果说他们也有灵魂的话，那是很荒谬可笑的事。这可能是一种夸大。他们的确很有趣。而小说家（假如他们诚挚的话）不得不承认，在他们和演员之间有一种相似处：演员的性格跟小说家的性格一样，有一种看上去不太可信的和谐；演员“反映”所有人，而小说家“创造”所有人。作家和演员们表现出来的情感，并非都是他们所感受过的。他们站在生活之外，为满足其创作本能而描绘出自我的某一方面。伪装就是他们的真实，而同时是他们素材和裁判的观众，也是被他们愚弄的对象。因为伪装就是他们的真实，所以他们也可以把真实看作伪装。

· 32 ·

我和大部分年轻作家一样，之所以开始写戏剧，是觉得把人们所说的东西写在纸上，似乎比构建成一番叙述来得容易。约翰逊博士很久以前说过，构建对白比构思冒险经历容易多了。现在看看我十八岁到二十岁时写下的——我脑海里存有的戏剧场景的——那些旧笔记簿，我发觉，大体而言，对白更容易写成。那些笑话不再使我发笑，不过却都是以当时人们使用的词语讲述的。我凭借本能把握住口语的特征，但那些笑话很少，而且显得粗陋。我的戏剧主题沉郁，都是以沮丧、失望和死亡收尾。我第一次到佛罗伦萨时，身边带着《群鬼》[1]；当时我正在专心研究但丁，作为一种消遣，我把《群鬼》从德文译成英文，为的是得到一种技巧上的知识。我记得，虽然对易卜生敬佩至极，我还是禁不住认为曼德斯牧师[2]有点令人厌倦。那会儿，《汤克雷的第二

1. 挪威戏剧家亨利克·易卜生（Henrik Ibsen，1828—1906）的作品。

2. 曼德斯牧师（Pastor Manders）：《群鬼》里的角色。

任妻子》[1]正在圣詹姆士剧院上演。

以后的两三年间，我完成了几部开幕戏，送给各样经理人看。有一两部不见回音，但因为我没留下副本，就这样丢失了；其他的让我失去了勇气，有的藏起来，或者直接毁掉了。那时候，甚至在以后的很长时间里，一个不知名的剧作家要出版一部作品，比现在可要难多了。戏剧上演的周期很长，因为花费很少，而一小群由皮内罗和亨利 · 阿瑟 · 琼斯为首的作者，在需要的时候，总能为主要的剧院写上一出剧本。法国的戏剧仍然在盛行，而任意删改鄙俗猥亵部分的法文改编本也受到欢迎。我考虑了这些，并且想到乔治 · 莫尔的《阿灵福德的罢工》由独立剧院推出这一情况，因此我的剧本被排演的唯一机会，就是为自己谋得小说家的名气。所以我把戏剧丢开，开始从事小说的写作。读者们可能会觉得，这种有目的地安排工作的方式对一个年轻作家来讲，有一种不相称的商业气。这件事所表明的，是一种思想的转变，而不是天降的以艺术作品丰富世界的一种冲动。当我出版了两部小说，并且有一卷短篇小说准备付印后，我就坐下来写我的第一个多幕剧，那就是《正人君子》（*A Man of Honour*）。我把剧本送给福布斯 · 罗伯逊看，当时他是一个很受欢迎的演员，以拥有艺术气质而知名，三四个月后，他把剧本退还给我。我又送给查尔斯 · 佛罗曼

---

1. 《汤克雷的第二任妻子》（*The Second Mrs.Tanqueray*），英国剧作家阿瑟 · 温 · 皮内罗（Sir Arthur Wing Pinero，1855—1934）的作品。

看。他也退还给我。我于是重写了这个剧本，最后，在我又出版了两部小说——其中一部《克拉多克夫人》(*Mrs. Craddock*) 很成功，而开始被认为是一个严肃而有前途的小说家时，我把它送给戏剧协会看。他们接受了，委员之一的 W.L. 考特尼很喜欢这剧本，就送到《双周评论》发表。《双周评论》以前只发过一个剧本——克利福德夫人的《夜之画像》，所以这对我是莫大的荣誉。

戏剧协会那样的组织当时只有一个，所以其刊登的作品吸引了很大的注意力。批评家们也严肃地看待我的剧本，就像剧本已经在一家重要的戏院上演过一段时间似的。以克莱门特·斯科特为首的劳苦文人们严厉地凌辱这个剧本，《泰晤士报》的批评家指出，剧本没有显示出在舞台方面有什么才华的迹象。我忘记那批评家的名字了。但受到易卜生影响的批评家们，却认为它是一部值得考虑的作品，他们富有同情心这让我很受鼓舞。

我想，我已向前走了一步，从那以后的路不会有太大困难了。但不久我发现，除了学到很多关于写剧本的技巧外，我并没有什么成就。我的剧本演了两次就夭折了。对于实验戏剧感兴趣的一小部分人知道我的名字，而假如我写了合适的剧本，无疑地，戏剧协会会排演的。但那似乎不能使我满足。在预演期间，我已跟对协会有兴趣的人，尤其是格兰维尔·巴克有过接触，巴先生在我的剧本里饰演主角。在那儿我发现，巴先生的态度跟我是抵触的。我心想，那是神气十足而心胸狭窄的态度。巴克很年轻，我只有二十八岁，我想，他应该比我还小一岁。他迷人、有趣，有一种轻佻的优雅。他脑子里充溢的都是别人的想法。我在他身上感到了一种对生命的恐惧，他通过轻视普通人来骗过别人。要找到他不轻视的东西是件难事。他缺乏精神活力。我认为，一个艺术家需要更多魄力、更多精神、更多直率、更多勇气、更多力量。我喜欢生活，想要享受生活。我要从生活中获取一切我可能获得的东西。我不满足于一小群文人的欣赏力。我对他们的资质总有怀疑之处，因为我去看过戏剧协会莫名其妙排演的愚笨且相当平庸的小滑稽戏，并且看到会员们笑得精疲力竭。我一点也不能确定，在他们对较高水平戏剧的关注中，有没有大量的做作成分。我不要这样的观众，我要的是伟大的公众。而且我很穷，如果可以的话，我很想与躲在阁楼里啃面包干的生活告别。金钱对我来说，好像是能带来第六感的事物，没有它，其他五种感觉也不能充分地发挥力量。

在预演《正人君子》期间，我发现第一幕里一些打情骂俏的地方引人发笑，我于是断定自己可以写一写喜剧。因此我下决心马上就写一出。我取名为《面包和鱼》(*Loaves and Fishes*)。主角是一个世故、有野心的教区牧师，故事是描写他向一个富有的寡妇求婚，并且谋求主教职位的阴谋，最后猎获了一个漂亮的女继承人的芳心。没有一个经理人考虑这个剧本。大家都认为，一个嘲弄牧师的剧本是不受人们欢迎的。我那时就下了一个结论：我最好的机会是写一出让一位女演员挑大梁的喜剧，假如她喜欢的话，她可以劝说经理人试试这出戏。我问自己，哪一类角色有可能吸引一位女主角，然后我就此下定决心，写了《弗雷德里克夫人》(*Lady Frederick*)。但此剧最有影响的一场，也是让它日后成名的一场，是女主角为了让一个年轻的爱人丢掉幻想，带他走进她的化妆室，让他看到自己没有化妆、蓬头散发的样子。那是很久之前了，化妆并不普遍，大部分女人还戴着假发。但没有一个女演员会同意让观众看到那种状况下的自己，因此一个又一个经理人拒绝了这个剧本。然后我决定设计一出戏，让人们从中找不到可以反对的东西。我写了《多特夫人》(*Mrs. Dot*)。然而这个剧本遭受了如同其他剧本一样的命运。经理人认为太没有分量。他们抱怨说里面没有足够的动作，而玛丽·摩尔小姐，一个当时大受欢迎的女演员，建议我应该加上一幕盗窃案的场景，让这出戏更能使人兴奋。我开始想，我是无法写出让女主角喜欢到一定坚持要演的戏了，所以我就试着写给男人演的戏。我写了《杰克·斯特罗》(*Jack Straw*)。

我一直有这样的想法：在戏剧协会的小小成功，会使经理人产生有利于我的印象。使我感到屈辱的是，情形并非如此。事实上，我跟那个团体的关联，使他们对我产生了偏见，因为他们认为我只能写阴郁而没有收益的剧本。其实他们不能说我的喜剧是阴郁的，但他们感到我的喜剧微微有点使人不愉快，因此就相信我的喜剧也不能盈利。我确实应该失望地放弃剧本上演的念头，因为只要有一次我的手稿被拒绝了，我就感到灰心，但很幸运的是，戈尔丁·布莱特认为我的剧本有市场，就拿了我的剧本，提供给很多经理人看，最后在1907年，在我已写完了六个多幕剧，经过了十年的等待后，《弗雷德里克夫人》终于在宫廷戏院上演了。三个月以后，《多特夫人》在喜剧剧院上演，《杰克·斯特罗》在歌舞剧院上演。六月时，刘易斯·沃勒在抒情诗剧院上演了《探险者》（*The Explorer*），这是我继《正人君子》后马上写出的剧本。我已经得偿所愿了。

· 33 ·

前三个剧本上演的时间很长。《探险者》只能说不算失败。我没有赚到很多钱，因为在那个年代，一个受欢迎的剧本的售价比现在要少得多，而我的版税也很少，但无论如何，我没有经济上的窘迫了，我的前途似乎也已经明朗。同时有四个剧本上演的事实，也让我背负了很多骂名。伯纳德 · 帕特里奇为《笨拙》杂志画了一幅漫画：莎士比亚在刊登我剧本的广告木板前咬着指头。很多人为我拍照、采访我，名人要跟我打交道。我的成功惊人而意外。我的解脱多于兴奋。我想，我缺少感到惊奇的特性。这种情形就如同我在旅行时，最古怪的景色和最新奇的环境，在我眼里都平淡无奇，而我还得强迫自己去注意那些本来应该引起我重视的地方。同理，我觉得现在的一切忙乱也很自然。有一天晚上，我独自在自己的俱乐部吃饭，一个我不认识的会员，在我旁边的桌子请客人吃饭。他们正要去看我的一个戏，就开始谈起了我。那位不认识我的人说我也是这家俱乐部的会员，他的客人于是说：

“你认识他吗？我想他这个人自以为是[1]得可以。”

“哦，是的，我对他很了解，”那位会员朋友答道，“他无法找到一顶大得适合他的帽子。”

他这话对我并不公平。我把成功当作我理所应得的，而把那些骂名当作消遣，但不会为其所动。关于那段日子，我能记得的唯一确切反应是，有一天傍晚我走在潘顿街上，心念一动时的感受。经过喜剧剧院时，我偶然抬头，看到夕阳照亮着云彩，我停下来，看着这可爱的景色，心里想着：感谢上帝，我现在能看着落日，而不需要想着究竟该怎样去描绘它了。我打算从那以后不再写书了，而是要把自己的余生都献给戏剧。

虽然公众热情地接受了我的戏剧，不仅英美如此，欧洲大陆也一样，但批评家的意见却并没有达成一致。大众流行报刊赞美其机智、欢快和戏剧效果，却不满于其中的玩世不恭；另外，更严肃的批评家认为我的剧本污秽不堪。他们认为我的剧本没有价值，微不足道。他们告诉我，我已经把灵魂出卖给了金钱，而知识分子（我也是其中谦虚和受人尊敬的一员）不仅对我嗤之以鼻——那已经够糟糕了——并且还像对待魔鬼路西法[2]一样，把我倒栽葱地推向无底深渊。我感到吃惊，并且有一些屈辱，但是我坚强地忍受这种侮辱，因为我知道这不是故事的结尾。我曾渴望某一种结尾，并且采用了我认为能达到这一目标的唯一可能的方

1. 原文为 swollen-headed，字面意思为膨胀的脑袋。

2. 路西法（Lucifer）：传说中变为魔鬼的堕落天使。

法；假如有人蠢得连这一点都没注意到，我就只能耸耸肩了。假如我继续写像《正人君子》那样酸涩，或者像《面包和鱼》那样挖苦的剧本，我就不会有机会创作出甚至连最严厉的人也要赞美的作品了。批评家责备我，说我是在为迎合公众而写作。我恰好并没有那么做。我那时精神昂扬，可以熟练写出有趣的对白，也有发现喜剧场面的眼光，还有一种轻率的快活。我还有比这更多的特性，但我把它们放在一边，只以对实现我的目的有帮助的一面来写作。这样的写作是为了取悦人，并且也达到了目的。

我不想在暂时成功一阵子后，就忽然烟消云散，于是我写了以后的两部戏来巩固我在公众中的地位。这两部戏显得有点大胆，虽然现在看来似乎显得平淡和单纯，但当时却受到古板人士的攻击，认为它们粗鄙猥亵。其中一部《珀涅罗珀》（*Penelope*），一定有其可取之处，因为二十年后，此剧在柏林重新上演时，戏院整整客满了一个演出季。

到那个时候，我已学会了自己有能力学习到的所有戏剧技巧。我取得了一连串不间断的成功，只有一个剧本是例外，那就是《探险者》。因为一个我知道的很清楚的理由，这个剧本不能成功地讨好观众。我想，是我动手写较严肃作品的时候了，我要看看，对于处理较复杂的题材，我能做到什么程度。我要做一两个我认为有戏剧效果的技术实验，我也要看看，我跟公众可以有什么样的契合度。我写了《第十个人》（*The Tenth Man*）和《有产阶级》（*Landed Gentry*），最后上演了放在我抽屉十几年的《面包和鱼》。它们都没有成功，它们也都没有失败。经理人既没赚钱也没赔本。《面包和鱼》卖座并不久，因为那时的观众看到牧师被人嘲笑，都感到不舒服。这个剧本写得有点夸张，所以给人的印象更像是一部滑稽戏而非喜剧，但里头也有几处有趣的场景。其他的剧本都两头不讨好。一部描绘了乡绅们狭隘、保守的生活，另一部描绘了政治和金融世界，我对这两种环境都熟悉。我知道我必须写得有趣、感人、娱人，所以我提高了格调。这些剧本既没有明确的现实性，也没有明确的戏剧性。我的犹疑不决成了致命伤。观众发现这些剧本有点讨人厌，并且不十分真实。然后我休息了两年，最后写了《应许之地》（*The Land of Promise*）。这个剧本演出时剧场连着满场了几个月，那时战争已爆发了。我在七年内写了十部戏。那些已经对我下了结论的知识分子，眼里没有我，但我已牢牢获得了公众们确切的喜爱。

· 34 ·

战争期间，我时常有很多闲暇。最初，我所从事的工作只占了白天的一部分时间，而写剧本是把我的注意力从所从事的活动里转移出去的方便途径。后来，我患了肺结核，必须长时间卧床，因为那是消磨时间的最佳方法。我很快地连续写了一连串剧本，以1915年写的《我们的前辈》（*Our Betters*）开始，以1927年写的《忠实的妻子》（*The Constant Wife*）结束。

这些剧本中，大部分是喜剧，都是以复辟时代大为盛行的传统方式写成的，哥德史密斯[1]和谢里丹[2]就是以这种方式写的。这种传统的戏剧形式，因为流行了很久，据说其中有些内容特别符合英国人的胃口。不喜欢的人把它称为“做作喜剧”，并且借着这样的形容词，愚蠢地对其进行斥责。这种剧不是动作剧，而是

---

1. 奥利弗·哥德史密斯（Oliver Goldsmith，1730—1774）：英国剧作家、诗人，常以嬉笑怒骂的形式来针砭时弊。

2. 理查德·布林斯利·谢里丹（Richard Brinsley Sheridan，1751—1816）：英国喜剧作家。

话剧。它以纵容的玩世不恭，对待上流社会的幽默、愚蠢以及罪恶。它时常是文雅的、感伤的，因为那正是英国人的性格，并且也有点不真实。这种戏剧并不说教，它有时也会带着道德层面的东西，但却是以耸着肩膀的姿态，好像叫你不要太过在意似的。有一次，忙碌的伏尔泰先生去看康格里夫[1]，跟他讨论当时的戏剧，康格里夫向他指出，他本人是一个绅士而非戏剧家。伏尔泰说："假如你只是一个绅士的话，我就不会不怕麻烦地来访问你了。"伏尔泰先生确实是他那个时代最睿智的人，但在这方面就显示出他缺少智慧了。康格里夫的话很深奥。从他所说的，我们可以看出，他知道得很清楚：喜剧作者第一个必须从喜剧的立场加以考虑的人，是作者自己。

---

1. 威廉·康格里夫（William Congreve，1670—1729）：英国风俗喜剧代表作家。

· 35 ·

我那时已对很多与戏剧有关的东西做出了自己的决定。

我所得到的一个结论是：散文剧的寿命几乎不会比报纸长。剧作家和记者需要极相似的天分，要对好的故事和有力的论点有敏锐的眼光，要有朝气，以及生动的写作方式。除了这些，他们还需要有一种特殊的技巧。我不知道有没有人会发现这种技巧包括什么，这不是一学就能会的，也不需要借教育或文化之力才能存在。那是一种能力，使剧作家能通过舞台脚灯，把他们要说的话表达出来，使他们讲出一个仿佛是实际存在的故事，这样的故事能鲜明地打动观众。这是一种很稀罕的能力，也是为什么戏剧家比其他艺术家酬金高得多的原因。这能力跟文学能力无关，我们可以从下面这个事实看出来：最杰出的小说家，试着去写剧本时，一般来讲都很遗憾地失败了。这是一种没有什么精神重要性的能力，就像不用乐谱演奏的能力一样。但是假如没有这种能力，你的观念再怎么深刻，你的主题再怎么独创，你的人物塑造得再怎么鲜明，也还是永远无法写好一出戏。

关于剧本写作技巧的书，人们已写得很多了。我兴致勃勃地读了大部分这个主题的书。学习如何写剧本的最好方法，就是去看看你演出的剧本。那会教你如何写出演员容易说的对白，并且假如你耳朵灵敏的话，还会教你在不失去对白流畅性的情况下，怎样让句子的韵律达到更好的效果。你还会学习到，什么样的谈话、什么样的场景是有效果的。我想，写剧本的秘密可以归纳为两个准则：抓住要点，能删就删。第一点需要有逻辑思维，我们之中很少有人具备。一个观念激起另一个观念，追求观念是令人愉快的事，纵使观念跟主题没有直接关系。人性有离开本题的倾向。但戏剧家必须比圣徒避免罪行更努力地去避免这种倾向。因为罪行可能得到原谅，而脱离本题却是致命的。原则就是兴趣导向。这原则在小说里也是重要的，但对戏剧而言，更大的空间允许更大的自由，而正如违心主义者所说的，罪行也会被转变成绝对的完美，因此某些离题的情形，也可能在主题的发展过程中扮演其需要的角色（《卡拉马佐夫兄弟》里佐西玛长老的早年历史就是这种情形一个很好的例子）。可能我应该说明一下，我所谓的兴趣导向是什么意思。在某种情况下，一个作家引导你把自己与特定条件下特定人群的命运联系在一起，并且让你关注他们，直到他解决了问题为止，这时作家所用的方法就是兴趣导向。假如他让你的思绪游离在主题之外，很可能他就再也不会吸引你的注意力了。人性中有一种心理特点，即兴趣会建立在戏剧开始时剧作家所介绍的人身上，假如兴趣转移到后来进入舞台的其他人身上的话，人们就会随之产生一种失望之情。机敏的剧作家都尽早把他的主题呈现出来。假如为了戏剧效果，要到以后才把主要角色介绍出来的话，那么幕启时舞台上人物的谈话就会使观众的注意力集中在主要角色身上，这样主要角色的延迟露面反而会增加观众的期望之情。伟大的戏剧家莎士比亚最为恪守这一原则，在这方面无人能及。

兴趣导向的困难，使人们所熟知的氛围戏剧的创作变得很困难。氛围戏剧中写得最好的，当然是契诃夫。因为兴趣并不是集中在两三个人，而是集中在一群人身上，因为主题是他们互相之间和他们与环境之间的关系，所以作者必须注意去抵制观众把自己与其中两三个角色，而不是与其他角色，联系在一起的倾向。兴趣既然这样散乱，观众就可能不会对剧中的任何人有亲切的感觉，既然作者必须注意到不要使他的情节中有哪一个情节显得特别重要，以便能更生动地吸引观众的注意，那么每个事件就都必须被减弱。这样，要使观众不会有一种单调的感觉，就很困难了。并且，不管是事件还是人物，因为观众并不会留下什么强有力的印象，他们就很可能在剧终时带着精神上的困惑离开。事实上，这样的戏剧只有在得到完美演出时才能使人容忍。

现在，我来谈谈第二个准则。不管一个场景怎样出色、一句对白怎样机智、一个想法怎样深远，假如它们对一个剧作家的戏并非必要的话，他就必须把它们删掉。假如他也是一个文学家的话，这对于他的创作也同样适用。纯粹的戏剧家对自己能把对话全部写在纸上一事，看作一种奇迹，而当词句自脑中（假使不是直接来自上天）显现于纸上时，他就把它们视为神圣的东西。他不能忍受去牺牲其中任何一个字眼。我记得很清楚，亨利 · 阿瑟 · 琼斯曾给我看他的一部手稿，我惊奇地注意到，他竟会以三种不同的方式写像“你茶里要不要放糖？”这样简单的句子。

难怪那些遣词造句困难的人会认为那些词句有非凡的重要性。文学家是习惯于写作的，他已经学会了不用煞费苦心地去表达自己，所以能够删得坚决。当然，每个作家都时而会在心中涌现出对他而言似乎愉悦的想法，或是非常有趣的对白，所以叫他把它们删掉，简直比让他拔牙还糟糕。因此，最好能在他心里铭刻上这样的准则：能删就删。

现在比以前更需要这样做，因为现在的观众比戏剧史上任何时候都更敏捷机智、更没有耐心。戏剧以某种方式写出来，是因为它们能满足观众。过去的观众似乎愿意一直坐到戏剧详尽地演完每一幕为止，并且愿意倾听角色充分进行自我表达的那些对白。现在的情形就很不同了，而其不同，我想是由于电影的诞生带来的。今天的观众，尤其是英语国家的观众，已经学会了马上看出一个场景的意思，并且看到前一个场景，就已经想跳到下一个场景了。他们在少数几个词语里就已经把握到了谈话的要点，并且在把握以后，注意力很快就分散了。作者必须抑制想让一个场景充分展现其价值，或者让角色以丰富的表达来展现自己的欲望。暗示就够了。暗示会被人了解的。人物的对白必须像一种口语化的速记。必须删了又删，一直达到浓缩的最大限度为止。

· 36 ·

戏剧是作家、演员和观众三者合作的结晶，而我想，还得加上一个导演。现在我先谈谈观众。所有最好的戏剧家写作时都会着眼于观众，虽然他们谈到观众时轻蔑多于善意，但他们却知道，戏剧家是依赖观众的。因为掏腰包的是观众，假如观众对他们得到的娱乐不满意的话，必然不会再来。戏剧如果没有观众的话就不能存在。实在说来，戏剧的定义就是：以对白写成，从演员的口中说出，让数目不定的人倾听的作品。一部写出来是为了在书房里阅读的戏剧，就是一种对话形式的小说，作者为了自己的某种理由（我们大部分人都不清楚）放弃了常规叙述方式的好处。一部不吸引观众的戏剧，可能也有其优点，但那就不再是戏剧了，就像骡子不是马一样（唉，我们所有的戏剧家，时不时会生产出一些令人不满意的杂种）。每个跟戏院有过关系的人，都了解观众是多么奇异地影响着戏剧。日场观众和夜场观众看的是同一出戏，其感受就可能十分不同。我们听说，挪威的观众把易卜生的戏剧看作是富有笑料的喜剧。英国观众在这些折磨人的戏剧里却看不出有什么可笑的。观众的感情、爱好、笑声，都是戏剧行为的一部分。也就是说观众创造了戏剧，就像我们凭借对客观环境的主观感受，创造了日出之美好、海洋之平和一样。观众在剧中并非最不重要的演员，假如他们不承担分配给他们的角色，戏剧就会支离破碎。这时戏剧家就变得像被撇在球场上，没人跟他对打的网球手一样。

现在的观众都是好奇的动物，精明多于智慧。他们的智能比大部分知识分子成员少。假如从 A 到 Z 来给智能划分等级，以相邻的字母递减到歇斯底里的女店员的零分，那么我要说这些观众的智能大约在字母 O 附近。他们非常容易受到影响，有些人会因为自己根本没看明白的笑话发笑，因为那些看明白的人在笑，他也就跟着笑了。观众是富于感情的，但他们本能地厌恶自己的感情产生骚动，常常准备以咯咯的笑声来逃避。他们多愁善感，但只接受他们特有的那种伤感。在英国，他们会接受家庭观念范围内的那些情感，但儿子对母亲的爱，只会让他们觉得荒谬可笑。假如情境激起了他们的兴趣，他们就不会在意其可能性，莎士比亚就夸大地利用过这种特性，但他们会反感缺少合理性的情境。一般人都知道他们会不断屈服于冲动，但观众却坚持，任何一个动作都必须有其使人首肯的理由。他们的道德是一般大众的道德。他们会真诚地感伤，而这种感伤并不会触犯个别的观众。观众不以大脑思索，而是以腹腔神经丛思考。他们容易厌倦。他们喜欢新奇，但却是一种跟老的见解相符合的新奇，所以他们只会感到兴奋而不会感到惊慌。他们喜欢观念（只要观念是以戏剧的形式表现出来的），不过观念必须是他们自己有的观念，只因他们缺乏勇气，从未把这种观念表现出来罢了。假如他们受到伤害或侮辱，他们就不再配合了。他们的主要欲望是要确认，假装的才是真实的。

在本质上，观众是从不改变的，但是在不同的时代，或者同一时代的不同国家里，他们却在世俗的不同层面上出现。戏剧描画出时代的礼俗，然后又影响礼俗，而礼俗改变时，戏剧的服装和主题就会跟着发生小变动。譬如说，电话的发明使很多情景显得冗长多余，也加快了戏剧的进度，并且还能避免某些不可能发生的情况。可能性是一个常变的因素。它只不过是观众准备接受的东西，并且时常是莫名其妙的。现在的人和伊丽莎白时代的人一样，常常随便乱丢有可能危害名誉的信，或者偶然听到不应该听到的事，只不过认为这些事件不可能而加以否认已经是传统了。但更重要的是，由于文明的改变，我们的心灵也发生了变化，所以戏剧家们过去偏爱的某些主题，现在已不用了。我们比以前更没有复仇之心了，现在专门描写复仇的戏剧就很少有在道理上能讲得通的。可能是因为我们的热情不再那么强烈，甚至可能因为基督的教训终于刺穿了我们愚钝的脑壳，所以我们把复仇认为是不名誉的事。我有一次冒昧地暗示说：女人的解放和她们新赢得的性自由，已经大大地改变了男人对贞洁重要性的观点，以至嫉妒不再是悲剧的主题，只能作为喜剧的主题。但大家对我的意见却是怒目而视，所以我也就不再发挥下去了。

· 37 ·

我对观众做这次小小分析的原因是：观众的特质对戏剧家来讲，是其创作传统中最重要的因素。每个艺术家都必须接受他所追求的艺术传统，但这些传统的特质可能是让艺术变成次要的产物。18 世纪诗的传统是反对热情，想象必须用理智约束，所以只产生了二流的诗。现在，观众的一般心智要比知识分子阶层低很多，这是作者必须加以考虑的一个事实。我想，这样的事实确实使散文剧沦为次要的地位。人们一而再，再而三地注意到一个事实：从智力上来看，剧院比这个时代整整落伍了三十年，而知识分子由于戏剧思想的贫乏，已不再常去剧院了。我有一个想法：知识分子在戏院探求思想时，他们表现出来的思想水平比人们所期待的更低。思想是私有的，是理智的产物，由个人的心智和他所受的教育决定。从酝酿思想的大脑到准备接受思想的大脑，其间的交流都是私密的，而假如一人的蜜糖是另一人的砒霜，那么一人的思想更可能是另一人的自明之理。但观众受群众暗示所影响，而群众暗示是感情激起的。我已冒昧地提出过这样的意见：假如把观众从 A 到 Z 加以分类，假定从《泰晤士报》的批评家开始，到托特纳姆法院路的小店里卖糖果的女孩为止，那么观众的心智就位于字母O的附近。你怎么能写出一部具有深远意义的戏，让《泰晤士报》的批评家端坐在正厅的前排座位里，而同时又让顶层楼座的女店员忘掉握着她手的年轻男人？当观众结合为一个整体时，唯一能够影响他们的，是差不多都与情感有关的，普通而基本的观念。这些观念是诗的根本构成，是爱、死亡和人类的命运。并不是每个戏剧家都能从这些事物里找出还没被说过一千遍以上的话；伟大的真理太重要了，不可能全都是新的。

此外，观念并不长在醋栗丛里，一代人之中，很少有人能产生新的观念。一个幸运的、生来就有能力把自己的想法穿过舞台的脚灯传递给观众的戏剧家，不可能同时也是一个有独创力的思想家。假如他的心灵不在具体的事物中活动，他就不会成为一个戏剧家。他对实例有敏锐的眼光，你就没有理由期待他同时有抽象思维的能力。他可能有沉思的精神倾向，并且有兴趣去思索他所处的时代，但在这种兴趣倾向和有创造的思想能力之间，却还有一段很长的距离。假如戏剧家也是哲学家，可能很好，但事实上，这就跟他们当上国王一样，可能性很小。在我们的时代中，仅有的两个以思想家出名的戏剧家是易卜生和萧伯纳。两个人都是时代的幸运儿。易卜生出现时，刚好把女人从长期所处的低下地位里解放出来的运动也在开始。萧伯纳出现时，年轻人刚好在反叛维多利亚时代的传统，以及老年人加在他们身上的束缚。他们手中有供应剧院的新鲜题材，表演时可以显露戏剧效果。萧伯纳具有一种对任何戏剧家都有用的优点：高昂的精神，嬉闹的幽默、机智，还有创作喜剧的丰富源泉。我们知道，易卜生的创作力贫弱：他的角色用不同的名字枯燥地重复着，他剧本里的情节都很少有变化。这样说并不完全夸张：他唯一拿手的策划，就是一个陌生人突然来到，走进一个空气沉闷的房间，打开窗，坐在里边的人因为伤风死去，然后一切都不幸地结束了。当你考虑这些作家能供给的精神内容时，除非你接受过的教育很少，不然你一定会看出，其内容所包含的，仅止于那个时代的普通教化而已。

萧伯纳的观念非常活泼，但那些观念只能在那时候使人惊奇，因为观众的智力水平有限。现在这些观念不会再使人惊奇了。实际上，年轻人现在更容易把它们看作陈旧的插科打诨。在戏院里表达观念的不利之处在于：假如这些观念是可以被接受的，它们就会很容易被接受，而试图传播这些观念的戏就只有死路一条了。因为在戏院里，被迫去听我们认为理所当然的观念的阐释，是最令人厌倦的事了。既然每个人都承认女性的独立人格，那么再来倾听《玩偶之家》的台词就很可能让人不耐烦了。这对于把戏剧建立在观念之上的观念戏剧家就不利了。戏剧在任何情形下都是短命的，因为戏剧必须用当时的时尚加以修饰，而时尚的改变，会使戏剧失去现实性这一最吸引人的特质。把戏剧建立在会成为陈腐的明日黄花的观念上，而使其生命变得更为短暂，这似乎是一件可叹的事。

我说戏剧短命，当然不包括以诗写成的戏剧，诗歌这种最伟大和最高贵的艺术能够将生命给予其卑微的搭档。我所谈的是以散文写成的戏剧（这种戏剧独占着现代的剧院）。我想不出有什么严肃的散文剧的生命能超过它们所处的时代。有几个喜剧曾经偶然地流传了几个世纪。这些喜剧时而复兴的原因，是某个有名的角色诱惑着某个主要演员，或者是某个经理人缺少临时的剧目，就认为可以上演一个不用付版税的剧本。这些喜剧是珍贵的文物。观众礼貌地笑它们的机智，尴尬地笑它们的滑稽。他们既不会被吸引，也不会忘掉自己。他们无法相信，所以从不会为戏院的幻想所感染。

但是，假如戏剧本来就是短命的，戏剧家会问，为什么他不把自己看作一个新闻记者，一个为廉价周刊写作的比较高级的记者？为什么他不写些以当时流行的政治和社会话题为题材的戏剧？戏剧家思想的独创性不会多于也不会少于那些在杂志上写作的严肃的年轻人。他的思想没有理由要显得无趣，而假如戏剧已经过时了，他的思想也显得不合时宜，那又有什么关系呢？无论如何，戏剧是死了。现在这问题的答案是：是的，他的思想没一点理由要显得无趣，只要他能侥幸使剧本成功，只要他认为剧本有价值。但是他必须心里清楚，批评家们几乎不会感谢他的。因为，虽然批评家们嚷着要支持观念戏剧，但提供给他们时，假如他们熟悉其中的观念，就会嗤之以鼻，而谨慎地认为他们知道的已是不新奇的东西了，而假如他们不熟悉其观念的话，他们就认为那些完全是胡说八道，并且群起而攻之。连广受认可的戏剧家萧伯纳甚至也没能逃过这种进退维谷的困境。

很多戏剧协会创立的目的，是为了出品那些轻蔑商业剧院的观众要看的戏剧。但这些戏剧协会并不兴盛。协会本身无法说服知识分子去支持这些演出，而即使他们支持，也会要求免费进剧院。有很多剧作家一生都在写只有这些协会才演出的剧本。其实他们是在努力做着不适合戏剧的事情。一旦他们号召了很多人进入戏院，这些人就变成观众，纵然他们的平均心智高于普通人，但还是要受制于支配观众的那些反应。他们受感情，而不是受理智的统御。他们要求动作，而非讨论（当然，所谓动作，并非仅仅指肉体上的动作；从戏剧的观点来看，一个说“我头痛”的角色与一个从高塔上掉下来的角色做出的动作同样多）。当这些作家所写的剧本失败时，他们就说，那是因为观众没有欣赏的能力。我并不以为然。他们的戏剧失败了，因为它们没有戏剧的价值。我们不要认为商业戏剧的成功是因为其本身是坏戏剧。商业戏剧所讲述的故事可能陈腐、对话可能庸俗、性格描写可能普通，但无论如何它们还是成功了，因为它们拥有基本的（虽然无疑是浅薄的）的优点，能借着特殊的戏剧魅力来抓住观众。但这并不是商业戏剧的唯一优点，这可以从洛佩 · 德 · 维加[1]、莎士比亚和莫里哀的商业剧里看出来。

1. 洛佩 · 德 · 维加（Lope de Vega，1562—1635）：西班牙剧作家、诗人，被称为“西班牙民族戏剧之父”。

· 38 ·

我这样大篇幅地阐释观念剧，原因是我认为剧院可悲性的衰退，其责任在于我们对观念剧的需求。批评家们吵着要观念剧，并且必然地成为戏剧最糟糕的评判者。因为，你想想，戏剧要吸引的是作为整体的观众，那富于感染力的，从一个人到另一个人的情感流动，对戏剧家是最基本的。他要激发这种感染力，他必须使人们忘掉自我，使他们成为自己演奏的乐器，而他们的回应——共鸣、声调、情感——就是他戏剧的一部分。但批评家不是去感觉，而是去判断。他必须超越那驾驭着群众的感染力，保持他的沉着。他必须不让自己被情感牵着走，他的头必须牢牢地拧紧在双肩上。他必须注意，不要变成观众的一部分。他不是要参与其中，而是要以局外人的身份观察。结果是，他眼里的戏并非观众所看到的戏，因为，他不像观众在戏里扮演角色。他对戏剧的要求应该和观众的要求不同，这是再自然不过的事了，他没理由得到他所要求的。因为戏剧并不是为批评家写的。或者，至少它们不应该为批评家而写。但戏剧家是敏感的动物，只要有人说他们写的剧本对成年人的心智是一种侮辱，他们就会感到苦恼。他们希望表现得更好，所以这些年轻、有抱负的人，被耀眼的光辉所吸引，坐下来开始写观念剧。这是大有可为的事，并且能带给他们名利，萧伯纳就是现成的例子。

萧伯纳对今日英国舞台剧的影响一直是有破坏性的。大众对他戏剧喜欢的程度，并不超过对易卜生的喜欢程度，但他们看了他的戏剧后，就开始更不喜欢那些按照旧传统写的戏剧了。那些要跟随他步伐的弟子出现了，但事实证明，如果没有他那样的伟大天分，不可能达到他的高度。其中最有才气的是格兰维尔·巴克。从他戏剧里的很多场景来看，巴克有成为好戏剧家的素质。他有戏剧天分，有能力写出平易、自然、有趣的对白，以及选择有戏剧效果角色的眼光。萧伯纳的影响导致他会去重视那些多少有点庸俗的观念，而且认为自己天生思想散漫是一种优点。假如他不受别人的影响，去相信公众是更需要被威吓而不是被哄骗的笨蛋，那么他就会利用通常的反复试验的方法学习去改正他的错误，然后可能会为这个国家增加很多受欢迎且优秀的戏剧。有一小部分萧伯纳的追随者，不过是复制了他的缺点而已。

萧伯纳在舞台上的成功，并非因为他是一个观念剧作家，而是因为他是一个戏剧家，但他是无法被模仿的。他把自己的独创性归功于以前从没表现在舞台上的一种特性（这种特性对他自己来说当然并不特别）。不管伊丽莎白时代的英国人是什么样的人，总之，他们并不是多情的人种。跟他们谈恋爱，是感伤胜于激情的事。他们当然有足够的性欲以满足种族繁衍之目的，但他们不能控制这种本能的感觉，认为性行为是令人嫌恶的事。他们容易把恋爱看作慈爱或慈悲，而非激情。他们以赞同的态度看待绅士们在学术著作里描写的爱之升华，以反感或嘲笑的态度看待直白表达的爱。如果要描写一个男人对妻子的深爱，英语是唯一需要从拉丁语里借一个意味轻蔑的单词 uxorious（溺爱妻子的）的现代语言。爱情竟会迷住男人，这件事对他们来讲，似乎是不值得的。在法国，一个为女人而毁掉自己的男人，通常都会得到同情和钦佩。大家都觉得那是值得的，而做了这件事的男人，甚至会为此感到骄傲。在英国，这种男人会被认为——而且他们也会自认为——蠢到了极点。这也是莎翁作品中比较伟大的戏剧《安东尼和克利奥帕特拉》最不受欢迎的原因。观众觉得为了一个女人把帝国抛弃掉，是令人鄙夷的。事实上，假如此剧不是建立在一个公认的传说上，他们会一致断言说，这样的事是难以置信的。

有些观众被迫从头到尾看完以爱情为阴谋动机的戏剧，但他们有一种本能的感觉，觉得爱情虽然美妙，但实际上并不像戏剧家所表现的那样重要，因为毕竟还有政治、高尔夫、工作的进展以及其他种种的事。对这样的观众来讲，假如他们碰到一个戏剧家，认为爱情令人厌倦，是次要的事情，是一时冲动的刹那满足，而其结果一般都令人尴尬，这时他们就会感到一种可喜的解脱。虽然这种态度必然是以一种夸张的方式表现在舞台上（不要忘记，萧伯纳是一位极其有技巧的戏剧家），但在这种态度里却还有足够使人感动的真理在。这与盎格鲁 - 撒克逊种族根深蒂固的清教徒主义是相呼应的。但英国人如果不多情的话，至少也是感伤和情绪化的。他们感觉到，那并不是全部的真实。其他的戏剧家之所以模仿这样的主题，是因为这样的主题感动人并且有效果，而非如萧伯纳一样，是出于其个性自然表达的需要，于是模仿的结果，其片面性就沉闷地显现出来了。作者向你描述其私人世界，假如引起你的兴趣，你就会注意他。你没理由去为那些二手的描述费心。萧伯纳已经说得那么好了，你再去说一遍，就显得愚蠢了。

· 39 ·

我认为，当现实主义的要求导致戏剧放弃诗歌的装饰时，戏剧就转错了方向。人们读拉辛[1]的戏剧或莎士比亚任何一部伟大作品里的长篇演说时，心中都会感受到一种兴奋，从这点可以看出，诗歌有一种特殊的戏剧价值。而这是与理性无关的，这种效果是富有韵律的演说带来的情感力量。但还不只于此，诗歌还能赋予事物一种增强美学效果的传统形式。诗歌使戏剧达到了一种散文剧不可能有的美的境界。不管你多么钦佩《野鸭》[2]《不可儿戏》[3]或者《人与超人》[4]，如果你认为这些戏剧就代表着“美”的话，那你就滥用了这个字眼。诗歌的主要价值，是把戏剧自严

1. 让·拉辛（Jean Racine，1639—1699）：法国剧作家，与高乃依和莫里哀合称为 17 世纪最伟大的法国剧作家。

2. 《野鸭》（*The Wild Duck*）：易卜生作品。

3. 《不可儿戏》（*The Importance of Being Earnest*）：王尔德作品。

4. 《人与超人》（*Manand Superman*）：萧伯纳作品。

肃的现实里解救出来，放置于另一个水平层面，使之与现实生活保持一段距离，如此就能使观众更容易进入一种情感状态，在这种状态里，他们最易于感受戏剧的特殊魅力。在这种人造的媒介中，生活不是通过逐字对照的翻译，而是通过自由的表达来呈现的。这样，戏剧家就有了广阔的天地去发挥其艺术能够发挥的效果。因为戏剧是要让人信以为真，它所要处理的并非真实，而是效果。柯勒律治所说的"愿意暂时信以为真"[1]对戏剧而言是必需的。真实对戏剧家的重要性是增加了趣味，但对戏剧家而言，真实仅仅是逼真，是戏剧家说服观众去接受的一种东西。乙告诉甲说，他在另一个人那里发现了甲妻子的手帕，假如观众要相信，甲因此怀疑妻子的忠贞的话，好了，那就是甲嫉妒的充分动机。假如他们相信，有六道菜的正餐可以在十分钟内吃完，好了，戏剧家的戏就可以顺利推进了。如果在动机和行动两方面都对戏剧家提出更多现实主义的要求，并且他被要求的并不是轻松或浪漫地去润饰生活，而是去模仿生活，那么他就被夺去大部分资源了。他被强迫放弃旁白，因为人们通常并不会对自己大声说话。他不能通过压缩事件来加快自己的动作，而必须使它们像真实生活里那样从容地发生。他必须避免意外和偶然，因为我们知道（在戏院里）并不会发生那样的事情。结果表明，现实主义常常只能产生枯燥无味的戏剧。

---

1. 原文为 willing suspension of disbelief，出自英国诗人塞缪尔·泰勒·柯勒律治（Samuel Taylor Coleridge，1772—1834）的著作。

当电影开始有声时，散文剧就显得没有力量来保全自己了。电影可以更有效地表现动作，而动作是戏剧的精华。银幕给了戏剧那种诗歌曾经一度给予的人为效果，所以一个不同的写实标准树立起来了，而只要可以引发情境的话，不可能的场景就可以为人接受。银幕为所有种类的小说提供了机会，提供了刺激和兴奋大众的图画性和戏剧性效果。观念剧作家为知识分子写剧本，而知识分子却对其剧本漠不关心，只是对着滑稽戏哄堂大笑，沉迷于电影的刺激和壮观的镜头，这就是观念剧作家必须吞下的一剂苦药。事实当然是知识分子已经屈服于舞台剧曾努力要摆脱掉的氛围，而被引到受伪装的力量支配那边去了，这种支配力量曾经迷住了第一次看到洛佩 · 德 · 维加和莎士比亚戏剧的观众。

我常常避免扮演预言者的角色，把改造同代人的工作留给别人，但我还是禁不住相信：我付出心血和生命去写作的散文剧，不久将没有活路。那依靠时代的礼仪和习俗，而非依靠根深蒂固的人类需求的次要艺术，只会有短暂的生命。情歌小调曾经一度是娱乐音乐的流行形式，刺激了作曲家去写出这种歌调，而产生了精巧的演奏学派，但乐器的发明更美妙地产生了情歌小调所追求的特殊效果，于是情歌小调就鞠躬下台了。散文剧没有理由说不应该遭受同样的命运。可能有人会说，你见到面前活生生的血肉躯体表演时所产生的悸动，是银幕无法带来的。可能也有人曾说过，丝竹无法补偿人声传达的亲密效果。但事实证明，这可以做到。

有一件事似乎可以确定，那就是，假如舞台剧有生存机会的话，其途径并不是再去仿效电影能做得更好的事。戏剧家们借着大量的小型场景，试着重现电影摄影机的快速动作和不同的布景，但他们走错路了。我想到，假如现在戏剧家回到现代戏剧的本源，从诗歌、舞蹈、音乐和露天历史剧里寻求帮助，以便能诉诸娱乐所有可能的来源，那将是明智之举。但是我知道，凡是戏院能做到的，电影以其雄厚的资源都能做得比戏院更好。当然，这类戏剧需要一个本身也是诗人的戏剧家来完成。可能当今的戏剧家最好的机会，是致力于至少是迄今为止电影还没能表现得很成功的方面：内心戏多于动作戏的那种戏剧，以及机智喜剧。电影要求有形体动作。那种不能以动作来传达的情感，以及那种诉诸思想层面的幽默，对电影几乎没有价值。无论如何，这样的戏剧可能还会有一时的吸引力。

但就喜剧本身而言，我们应该认识到，用现实主义来对其进行要求并不恰当。喜剧是人工化的东西，所以只有自然主义的表象（而非现实）才是适当的。我们必须为了笑而寻求笑。现在戏剧家的目的并不是忠实表现生活（这是悲剧的事情），而是嘲讽地、有趣地批评生活。他们不应该允许观众问：“这样的事情会发生吗？”观众应该满足于发笑。现在的戏剧家在喜剧里比以前更需要强调让观众“愿意暂时信以为真”。所以，抱怨喜剧有时“堕落”成为滑稽戏的批评家，他们是错误的。实际上，要借着三幕的纯粹喜剧一直吸引观众的注意力，是不可能的。因为喜剧诉诸观众的集体思想，而集体思想是会变得疲乏的，而滑稽戏诉诸更强健的器官，即观众的集体肚皮。伟大的喜剧作家莎士比亚、莫里哀和萧伯纳，从不对滑稽戏犹疑不前。使喜剧之躯体得以生存的，是生命之血液。

· 40 ·

这些模糊浮现在我心中的想法，渐渐使我对剧院大为不满，最后我决心跟它一刀两断。和别人共同创作，我从未感到真正愉快过，而就如我已经指出的，戏剧比起其他艺术产品来，更需要集体的努力。我发觉，要跟我的合作者们和谐地共同创作，已经越来越难了。

人们常说，好演员能从戏剧里体会到的比作者写进戏剧里的还多。这并非事实。一个好演员把他的才华渗透进他的角色里，时常赋予他的角色一种门外汉读剧本时看不到的内涵，但充其量他也只不过是达到了作者心目中理想的角色形象，必须是一个出类拔萃的演员才能做到这个地步。在很大程度上，他所表演的必须和作者脑海里的场景接近一致。在我所有的戏剧里，很幸运有一些角色如我所愿地被扮演出来了，但没有一个剧本里全部的角色都如我所愿地被扮演出来。这显然是不可避免的，一个是适合某一个角色的演员可能没有档期，你只好将就第二和第三好的演员，因为除此之外别无他法。每个跟演戏有过关系的人都知道，纽约的竞争，以及英国和美国电影行业的竞争，已经使得物色某个角色的合适人选变得比以前更困难了。经理人一而再，再而三地被迫使用他明知道平庸的演员，因为他无法找到更好的人选了。另一个困难是薪金的问题。一个小角色时常需要花心思来演绎，因此需要一个有经验的演员，但从经营的角度来看，这个角色只能有一定的薪金，而用这样的薪金去聘请适当的人选是办不到的。因此，角色就演得不到位，戏剧的平衡性变得岌岌可危。一幕有一定价值的戏，因为没有得到恰当的表演而被浪费了。一个能完美饰演某个角色的演员，因为那个角色太小或者无法引起共鸣而拒绝出演，这种情形也是常有的。

我说这话时，并不是存心要降低我对那些卓越的男女演员的感激之情，我要把我自己剧本的成功大大归功于他们。我欠他们很多。那些实现了我梦想的人太多了，要一一列出来，会显得累赘，但有一个演员，因为他没有达到明星的级别，所以也几乎没有得到他应该得到的表彰。就因为如此，我要在这儿提一下。他就是 C.V. 弗兰斯（C.V.France）。他曾在我的几个剧本里出演，扮演的每个角色都令人赞佩，他把我心目中角色最为细致的特点都表现出来了。我们很难在英国舞台上找到一个比他更有能力、有智慧，更多才多艺的演员。另外，我的一些剧本虽然搬上了舞台，但我知道观众并没有看到我要让他们看到的所有东西。角色的错误分配，特别是发生在有名气的演员身上时，通常无法修正过来，然后作者就饮恨含辱，因为其意图被曲解而遭到别人的误判。舞台上没有不受演员影响的角色，只有让人印象深刻的角色，以及常常很重要但反而让人印象不深的角色。然而，不管一个角色多么有力，也只有在得到完美的扮演时，才能充分被人认识到其效果。世界上最滑稽的台词，也只有在以正确的方式说出来时才会显得滑稽。不管一幕戏多么温情，假如不被温情地演绎出来，也只是徒劳。演员为戏剧作家准备的另一个陷阱没有被经常认识到。选择演员的制度很难避免这个陷阱。作者杜撰了一个角色，然后一个演员被选去扮演，因为他有作者所需要的特质。但演员把他自身的特质加在作者已经赋予其角色的特质上，其结果就是一种荒谬的夸大，作者塑造的可信而自然的角色，就这样转变成荒唐古怪的角色了。我时常设法安排一个与演员类型相反的角色，但我不知道这个想法是否被证明成功了。这需要拥有比现代演员更强的适应能力。可能戏剧家克服这种困难的最好方法，是不要充分描写他的剧中人物，只要轻描淡写地勾画出人物，让演员以其自身的个性去充实角色。不过这么一来，他就必须确定能找到有这种能力的演员。

这种夸张和错误的派角有时是不可避免的，作者的意图因此被充分地歪曲了，而接着又经常会被导演进一步歪曲。我刚开始为舞台写剧本时，导演们对自身的定位比最近要更谦虚。那时他们的工作限于删减剧本的冗长之处，用自己的才能掩盖作者在结构上的错误。他们安排演员的位置，帮助他们尽量扮好角色。我想，一定是雷因哈特[1]最先要求导演在合作中占支配地位。很多以他为榜样的导演没有他那样的才华，并且不止一次荒谬地宣称：作者的剧本原稿，只不过是导演用以表现自己观念的媒介。

1. 马克思·雷因哈特（Max Reinhardt，1873—1943）：奥地利导演。

有的导演还把自己想象为剧作家。杰拉尔德·杜莫里耶[1]，一个很好的导演，告诉我说，他没兴趣去执导一出他无法改写其中某些部分的戏。这是一个极端的例子。但是要找到能对于演出作者的剧本感到满意的导演，的确是很难的事。导演常把演出作者的剧本看作自己进行原创的机会。假如观众知道作者的意图如何经常因为导演的愚笨和顽固而被误传，假如观众知道在他责备作者的卑俗和愚蠢时，其中有多少卑俗和愚蠢都是由于导演造成的，他们会感到很惊奇。导演是有思想的人，但其思想甚少，这是很悲惨的事。孕育思想令人兴奋，但只有在你孕育了很多思想，不会让这些思想导致不恰当的结果，并且能以其应有的价值来看待这些思想时，孕育思想才算是安全的。孕育思想很少的人，很难不对其思想产生过度的崇敬。导演想到一点点对白、一点点事由或是场景效果，就会把这些看得很重要，以至于为了引入自己的想法，他会很乐于打断戏剧的动作或者歪曲其意思。导演常常显得虚荣、自以为是，并且缺乏想象力，他有时很专制，要强迫演员复制他的语调和风格。演员依靠奉承导演，以便能得到扮演角色的机会，依靠对导演的顺从，以得到导演的欢心，他们只能奴隶似的按照导演的话去做，这样就把表演中所有的自发性都去掉了。最好的导演是做得最少的导演。我非常幸运，碰到了真诚渴望要尽力把戏排演好，并且试着去满足我的愿望的导演。但要进入别人的思想是很困难的，而最趣味相投的导演也几乎只能勾画

1. 杰拉尔德·杜莫里耶（Gerald du Maurier，1873—1934）：英国导演。

出作者的心意。我想，导演时常给观众一些比作者原本的意思更能使观众喜欢的东西，但这并不是作者的目的。

当然，补救的方法是让作者去导演他自己的戏剧。除了自身曾是演员的作者外，很少有作者能导演他自己的戏剧。光告诉一个演员说，哪种语调或手势错了，这是不够的，你还必须能够以言语和动作告诉对方什么是对的。因为次要角色的演员技巧不足，所以这种能力比以前显得更需要。杰拉尔德·杜莫里耶时常用一种很气人但却很有效的办法，即夸张滑稽地模仿一个演员的某种动作，来指出他应该怎么表演。因为他是一个很好的模仿者和很好的演员，所以他才能这么做。但这只是小事。戏剧导演是一项复杂的工作，是一种必须历经辛苦才能学得的事业（或者称为艺术，假如你喜欢的话）。导演处理戏剧的每个部分，处理入场、退场，给不同人分派不同的角色，以使人物得到合理的组合，以便能把他们放在一个适当的位置上，使观众的注意力能在适当的时间很容易地转向他们。他得考虑演员的个体、特殊性，而在有人被要求去做其力所不及的事时，他要用一些小技巧来克服这些困难。他也要考虑到演员整体的特殊性。譬如说，现在所有的英国演员，只要说一段超过二十行的对白，都会感到不自然，他也必须想出办法让演员克服这种羞怯。他把观众的兴趣导向戏剧的要点，巧妙地引诱他们去支持免不了枯燥但是必须了解的说明性语句、关节点，还有对戏剧情节的介绍，这些是每一部戏都无法避免的。他考虑到观众的注意力会游移不定的特性，而借着制造一些“事件”，用危险的节点来吸引其关注。他考虑到演员的敏感、嫉妒和虚荣，并且得注意不要让自我主义扰乱了戏剧的平衡。他注意去给予每个角色适当的价值，不使那些想要把自己的角色变得更重要的演员去侵略别人的角色。他决定何时加快，何时放慢，何时强调，何时忽略，何时提高，何时放低。他处理布景，注意使布景适合动作并且对动作有实际用途。他选择适合角色的服饰，密切注意那些宁愿穿得美而非穿得适当的女演员。他要自己考虑灯光。导演是一桩事业，或者，一种艺术，需要具有精密程序的技术知识。导演更需要机智、耐心、好性情、坚定性和适应性。就我来讲，我十分清楚，我没有这些知识，也几乎没有戏剧导演所必需的特质。除此以外，我为两件事所阻碍，一是我的口吃，另一个是很不幸地，我写了一个剧本，改好原稿后，就不再对它有兴趣了。我很好奇，想看看剧本如何演出，而一旦我把它交给别人，就不再把它当作自己的东西那样亲密看待了，就像一只母狗在别人已经把它的小狗抓去驯养后，就不再关心它们一样。我太容易屈服于导演，而与导演的意见冲突时又会接受他们的意见，因此常受人责备。事实是，我常常倾向于认为：别人比我知道得更清楚。我从不喜欢吵架，除非是在发脾气，而我很少发脾气。于是我对事情不会太介意。使我对戏院更加感到厌恶的，并不是导演有时显得无能，而是他们毕竟是不可或缺的。

· 41 ·

再谈观众。我对大众，什么都表示过，就是没表示过感激，这似乎不合礼貌，因为他们纵使没给我美名，至少也给了我“恶名”以及一笔财富，使我能够过我父亲以前所过的那种生活。我旅行过，居住的房屋里可以看到海，房子位于花园中间，房间宽敞、寂静而远离尘嚣。我常常想，生命太短了，无法为自己做些什么事，只能付钱请别人代劳，而我已经足够富有，有能力享受“只做自己能做的”奢侈。我能够款待我的朋友，并且帮自己愿意帮的人。这些都应该归功于大众的恩惠。不过，我还是发现自己对于形成戏院观众的那一部分大众，感到越来越不耐烦。我曾经说过，一开始看到我的戏剧上演时，我就感到一种特别的尴尬，而这种感觉不但没有如我希望的，随着以后戏剧的创作而减少，反而越来越浓厚了。一大群观众正在看我的戏，这种感觉变成了一种让人厌恶的恐惧，所以我时常会离开常走的路线，避开正在上演我的戏剧的戏院所在的街道。

我很久以前就下过一个结论：一部不成功的戏是没什么意义的，而我自己确切地知道，如何写出成功的剧本。也就是说，我知道可以从观众那里期望什么。没有观众的配合，我个人无能为力，而我知道，他们的配合会达到什么样的效果。我发觉自己对这种配合的不满意有增无减。戏剧家必须与观众的偏爱产生共鸣，维加和莎士比亚就是最佳的例子，而戏剧家最大胆时，也只能把观众因为懦弱或懒惰而只需要满足于感觉的需求不加以表达地写出来。我厌倦只能表达一部分真实，因为那就是观众准备去接受的一切。那些可以在谈话中出现的事实，却不能在舞台上呈现，我对这种荒谬感到厌倦。我一定要使主题适合于某一个范畴，把主题延长到一个不需要的长度，或者把主题加以过度地压缩，因为一部吸引人的戏剧必须有特定的长度，这种情况也让我厌倦。我厌倦自己努力不让人感到厌倦。事实上，我不想再遵从戏剧的必要传统。我怀疑自己跟大众趣味失去了联系。而为了确定此事，我去看了很多正在吸引市民的戏，发觉那些戏剧冗长无味。那些让满心喜悦的观众欢乐开怀的笑话，却无法使我发笑，而那些使他们感动地流泪的情景，我却无动于衷。

我向往小说的自由，愉快地想到那些愿意倾听我所有话语的孤独的读者，我也可以跟他们建立一种亲密关系，这种亲密关系是无法企望在戏院的花里胡哨中建立的。那些已经成为明日黄花的戏剧家，我知道得太多了。我看到他们再接再厉、可怜巴巴地写着他们的剧本，却一点也没有意识到时代已经变了。我也看到别的戏剧家不顾一切地企图把握现代精神，而在他们的努力遭受嘲笑时，就伤心沮丧起来。我见过有名的作者在呈给经理人剧本时，所遭受的傲慢无礼，而从前他们却被这些拿着合同跟在屁股后面的经理人烦得要死。我听过演员们对这些戏剧家轻蔑的评语。我看到他们终于晓得与大众的关系已经完结时的困惑、惊愕和伤心。我也听过皮内罗和亨利 · 阿瑟 · 琼斯（两人在他们的时代都享有盛名）对我说过同样的话，一个带着冷酷、讽刺的语气，另一个带着困惑的恼怒，话是这么说的:“他们不再要我了。”我想，我还是急流勇退比较好。

· 42 ·

但在我的头脑中仍存有几个剧本。有两三个剧本只不过是计划而已，我愿意搁置了事，但有四个剧本已经在我的头脑之中，全都准备好要写了，而我知道得很清楚，它们会一直折磨我，直到我开始动笔为止。有好几年时间，我一直都在想着这些剧本，但并没有动手，因为我认为这些剧本不会带给人欢乐。我不希望经理人在我身上亏钱，其原因，我想是由于我有着资产阶级的本能，而整体来看，他们也并没有亏钱。一般人都公认，经营一个剧本，赚钱与不赚钱的比例是 1∶4。如果说，事实证明我的情形要高于这个比例，那么并非夸大之词。我写了这四个剧本，预想其受欢迎程度会一部比一部少。我不想毁掉自己在大众中的名声，除非我跟他们之间确定要完结了。头两部戏获得了很大的成功，使我很惊讶。后两部戏如同我所预料的，不太成功。我只谈谈其中的一部，《圣焰》（*The Sacred Flame*），因为我在里面做了一种实验，本书的一些读者也许会认为这实验够有趣，值得考虑几分钟。在这个剧本里，我试着去写一种比我一直在使用的更正式的对白。我在 1898 年写了我第一个完整的剧本，在 1933 年写了最后一部。那时，我看到对白从皮内罗夸张、卖弄的风格，从王尔德的优雅做作，变成今日的极端口语化。对现实主义的需求，引诱戏剧家陷入比过去更严重的自然主义，陷入那种被诺埃尔·科沃德[1]发展到极致的风格。不仅“文学”被避开了，而且“现实”被过度追求，以致语法省略、句子破裂，因为据说在日常生活里，人们讲话都不合语法，讲的都是短句或不完整的句子，并且使用的词汇都是最简单和最普通的。这种对白以耸肩、挥手和做怪相来弥补其不足。我心想，这样屈服于时尚，戏剧家已经大大地把自己置于不利地位了。因为他们所复制的这种俚语的、省略的、破碎的语言，只是一个阶层的言辞，是年轻的、受到错误教育的富人的语言，而这些富人在报纸上被描述为“时髦人士”。他们就是在八卦栏，以及有插画的周刊上出现的那些人物。英国人发音不清，这可能是事实，但我并不认为他们的发音问题有人们说得那么严重。有很多人，包括各种不同职业的人和文化女性，他们以合乎文法的、精心挑选的语言来装点自己的思想，并且能以恰当的字眼、恰当的顺序，来清晰地表达出他们想要说的。现在的模式迫使法官或者杰出的医生们，像酒吧里的闲人一样，无法充分地表达自己的意思，因此极大地歪曲了真实。这种模式把戏剧家能处理的角色范围缩小了，因为他只能借对白来表明这种角色的范围，而当他的对白只不过是一种口头上的象形文

1. 诺埃尔·科沃德（Noël Coward，1899—1973）：英国演员、剧作家、流行乐作曲家。

字时，他就不可能去描写任何思想奥妙或感情复杂的人。戏剧家不自觉地被引导着，去选择那些以观众认为谈话方式自然的人来作为角色的人选，而这些人的谈话一定是很简单而浅显的。现代模式限制了戏剧家的写作主题，因为当你把自己局限于一种自然写实的对话时，就难以去处理人类生活的重要问题，而要去分析人性（以及戏剧主旨）的复杂性也不可能了。现代模式谋杀了依赖口头机智的喜剧，而口头机智要依赖于巧妙的措辞。就这样，现代模式把另一颗钉子也敲在了散文戏剧的棺材上。

我那时想在《圣焰》里试着使我的角色不去讲他们在日常生活里说的话。假如他们能够事先准备好，并且知道如何以确切而精练的语言表达他们的意思，我要让他们以一种更正式的方式，使用此种情况下他们要使用的言辞。可能我没有处理得很好。在预演期间，我发现演员不再习惯于这种言辞，他们感觉到自己像在背诵台词，所以显得不舒服。我不得不把我的句子简单化并且加以分割。我给批评家留了足够的批评空间，有些地方的对白因为文学性而受到责难。人家告诉我，一般人不会那样说话的。我也从没想过人们会那样说话。但我没有坚持己见。我就像一个租期快到的房客，不值得再对房子进行结构上的变动。在最后两个剧本里，我恢复了至今还在使用的自然主义对白。

当你连续几天走在山路间，有一个时刻，你确信在绕过面前的大群岩石后，平原会突然出现在眼前，但结果迎面而来的是另外一块巨大的峭壁，而令人疲倦的小路还在继续延伸下去。这以后，你以为真的会看到平原了；不，小路还在继续蜿蜒，另外一座山脉又挡住了你的去路。然后，平原忽然展现在你面前。你的心在雀跃，平原宽广地延伸着，太阳照耀着，群山的压迫从你的肩膀上除去，你开心地呼吸着更宽广的空气。你有一种美妙的自由的感觉。我在完成最后一部剧本时，也感受到了这样美妙的自由。

我不能说是否永久脱离了戏院的束缚，因为作者是灵感的奴隶（因为缺少更适当的字眼，我只好称为灵感），说不定有一天，我会想到一个主题，使我不得不将之以戏剧形式写出来。我希望这种情形不会发生。因为我有一个观念，我期望读者不要认为这观念太高傲愚蠢。我已经拥有了戏院似乎可能给予我的一切经验。我已赚够了钱，能够以我喜欢的方式去生活，并且能够供应我的所需所求。我已经“恶名远扬”，甚至可能还获得了暂时的“美名”。我本应该满足了。但我还要成就一件事，而这件事我无法在戏剧里完成，那就是“完美”。我考察的不是我自己的戏剧。没有人能比我更敏感地察觉到我自己戏剧的错误。我考察的是被人们留下来的戏剧。即便是最伟大的戏剧也有严重的缺点。我们必须考虑时代的习俗和戏剧写作的舞台状况，以作为原谅这种缺点的借口。古希腊悲剧离我们那么久远，它们所阐释的文明，现在看来显得太奇异，所以我们无法公正地加以判断。在我心目中，《安提戈涅》[1]很接近完美的境地。在现代戏剧里，我想没有一个人比拉辛更能偶尔接近完美的境地。但却要为此付出

1. 《安提戈涅》（*Antigone*）：古希腊戏剧家索福克勒斯的代表作，被认为是戏剧史上最伟大的作品之一。

多少受限制的代价啊，他用高超的技巧雕刻出一粒樱桃核。只有“偶像崇拜者”才会看不出莎士比亚戏剧在行动以及性格描写里的大缺点。其实这是很容易了解的，因为我们知道，莎翁会牺牲每一件事去成就有效的场景。所有这些戏剧都以不朽的诗篇写成。当你想在现代散文戏剧里寻求完美时，你不会有所发现的。我想，易卜生是近百年来最伟大的戏剧家，这是大家公认的事实。尽管他的戏剧有很多优点，但他的创作力很贫乏，他的角色很重复，而当你透过其表面向内钻研到一定程度时，会发现他的很多主题又显得非常愚蠢！看起来，好像各种缺点是戏剧艺术里所固有的。你要得到一个结果，就必须牺牲另一个结果，所以你不可能写出一个剧本，使其一切细节，其主题的趣味与意义，其性格描写的精妙及创造性，其情节之逼真及对白之美，在各方面都能完善。我想，在小说和短篇小说里，有时可以达到完美的境地。虽然我几乎无法希望达到这种境地，但我认为，在这两种媒介里，我可以比在戏剧里更接近完美的境地。

· 43 ·

我的第一部小说叫《兰贝斯的丽莎》(*Liza of Lambeth*)。我呈阅的第一个出版商就接受了这部小说。有一段时间，费希尔 · 昂温（Fisher Unwin）为他的“笔名丛书”出版了大量短篇小说，吸引了很多人的注意，约翰 · 奥利弗 · 霍布斯（John Oliver Hobbs）的小说就在其中。大家认为这些小说富于机智并且大胆。这些小说使作者出了名，并且确定了丛书的声名。我写了两个短篇小说，这两个短篇小说合起来，我想，可以成为一卷，其篇幅刚好适合这个丛书，于是把它们寄给费希尔 · 昂温看。不久之后，他退了回来，但附有一封信，问我能否提供给他一部长篇小说。这是一个很大的鼓励，我马上坐下来开始写作。因为整个白天我都在医院工作，所以只能晚上写。通常我都在六点钟以后回家，读了我在兰贝斯桥拐角处买的《星报》，早早吃过饭，清理完餐桌后，便开始工作。

费希尔 · 昂温对他的作者很严苛。他利用我年轻、无经验的弱点，知道我希望有人出版自己的书，在跟我签订的合约里，让我一直等到他卖出了相当数目的书才肯付我版税。但是他知道如何推广我的产品，他把我的小说送给很多有影响力的人看。我的小说受到广泛地（虽然也是各种各样的）评论，而后来的威斯敏斯特副主教巴兹尔 · 威尔伯福斯（Basil Wilberforce）在教堂布道时还宣传了这部小说。圣托马斯医院的产科主治医师大为感动，他要给我一个他手下的小职位，因为这部小说出版后，我马上就通过了期末考试。但这部小说夸大了我的成功，并且我已经决定要放弃医生的职业，所以很不明智地拒绝了他的好意。书出版后一个月之内就再版了，我认为自己可以很容易靠当作家生活了。一年以后，我从塞维利亚回来时，接到一张费希尔 · 昂温寄来的版税支票，我有点震惊，金额高达二十镑。假如我能由《兰贝斯的丽莎》的持续销售来判断的话，那这部小说是仍然可读的。如果要说这部作品有何优点，那也是由于我当医学院学生时，能幸运地接触到当时的小说家很少挖掘到的生活的另一面。阿瑟 · 莫里森[1]以他的《穷街陋巷故事集》和《杰戈来的孩子》把大众的兴趣转移到社会的底层，我则因为这种兴趣的转变而受益。

我对写作一无所知。虽然就我的年龄而论，我已读了很多书，但我读书没有分辨力，只是把我听说的书一本又一本找来狼吞虎咽地读下去，看看里面讲了些什么。虽然我认为从中得到了

1. 阿瑟 · 乔治 · 莫里森（Arthur George Morrison，1863—1945）：英国作家、记者，以现实主义小说及侦探小说闻名，曾写过维多利亚时代末期伦敦东区贫民窟的生活。下文提到的《穷街陋巷故事集》（*Tales of Mean Streets*）和《杰戈来的孩子》（*A Child of the Jago*）都是其代表作。

一些东西，但在我坐下来写作时，最影响我的，还是莫泊桑的长篇小说和短篇故事。我在十六岁时开始读他的小说。无论何时到巴黎去，我都要把下午的时间花在奥德翁的走廊里，坐在那儿的书堆中自得其乐。有一些莫泊桑的小说已经重新以小本方式印出，每部售价七十五生丁，我把这些买了，但其他的要花三个半法郎，我买不起，所以通常都是从书架上拿出一本来读读。穿着浅灰色工作服的侍者没有注意到我，趁他们不注意时，我时常可以裁开一页，不间断地把书里的故事读下去。就这样，在我二十岁之前，以如此的方法读完了大部分莫泊桑的小说。虽然他现在不像那时享有盛名，但我们必须承认，他有伟大的优点。简明、直接，以及具有一种形式感，他知道如何从他要说出的故事中，发掘最大的戏剧价值。我禁不住想，比起那时影响着年轻人的英国小说家，他是一个更值得让人追随的大师。在《兰贝斯的丽莎》里，我不加油添醋，也不夸张地描写我在医院门诊部，以及在我当产科职员的地区所见的人们，描写我因工作需要挨家逐户访问，或在无事可做闲逛时所看到的感人事情。我因为缺乏想象力（想象力要靠练习来增长，并且与一般人的看法相反，我认为年长者的想象力比年幼者更有力量），不得不十分直截了当地把我眼见耳闻的记下来。书的成功归功于幸运的机会。这并不能预示着我的将来会如何。但我并不明白这一点。

费希尔·昂温力劝我再写一本关于贫民窟的更长的书。他告诉我，那是大众想要的，并且预言，既然我已经开了个好头，下本书会比《兰贝斯的丽莎》获得更大的成功。但我一点也没想到这些。我是有野心的。我有一种不知从什么地方得来的感觉：

你不应该追求成功，而应该超越它，我也从法国人那里学习到，不要太重视这样的“地方罗曼史”。一旦我写完一本有关贫民窟的书后，我对贫民窟题材的作品就不感兴趣了，实际上我当时已经写完了一部类型很不同的小说。费希尔 · 昂温在收到这本小说时一定是既沮丧又失望。这本小说的背景是文艺复兴时的意大利，是根据我在马基雅维利[1]的《佛罗伦萨史》里读到的一篇故事写成的。我写这个小说是因为读了安德鲁 · 朗[2]有关小说艺术的一些文章。他在其中一篇文章里的观点让我很信服，他说历史小说是年轻作家能够写成功的唯一小说类型。因为年轻作家没有足够的生活经验去描写当代的习俗，而历史能够提供给他们故事和角色，他们年轻血液里罗曼蒂克的热忱，能够给予历史小说这种文体所需要的冲劲儿。我现在知道，这是一派胡言。青年作家没有足够的知识去写他同时代的人，这不是真的。我认为一个人在老年时对人的了解程度，不会超过其青少年时期了解的那些人。一个人的家人、陪伴他度过大多数童年时光的仆人，还有学校的老师、其他的男孩与女孩——男孩对这些人了解得很多。他直截了当地观察这些人。成年人自觉或不自觉地会把自己暴露在更年轻的人面前，他们对其他的成年人却从不这么做。而且孩子，小

---

1. 尼可罗 · 马基雅维利（Niccolò Machiavelli，1469—1527）：文艺复兴时期意大利政治思想家、历史学家，代表作为《君主论》。

2. 安德鲁 · 朗（Andrew Lang，1844—1912）：英国作家、历史学家、诗人、民俗学家，以研究神话、民间传说闻名于世，认为通过民间传说中的惊异恐怖的故事，可以看到人类过去真实的痕迹。

男孩，详细地记得他的环境，他住过的房子、乡村，或老城市的街道，当一大堆过去的印象模糊了他的感受力后，他就不能再意识到这些细节了。历史小说确实需要有对人的深厚经验，以便从那些有着不同生活方式和观念，且第一眼看起来似乎跟我们完全不同的人中，创造出生动的角色。而要重现过去，就不仅需要庞大的知识，而且也需要费力去想象，对年轻人来说这几乎不可能做到。我应该说，事实刚好跟安德鲁·朗所说的相反。小说家应该在他的生涯末期再转向历史小说，那时他自己的思想和生活的变迁，已经能够提供给他关于这个世界的知识，而他多年探究周围人群的性格后，已经对人性有了一种深入的直觉，这使得他能够去了解，因此也能够去重新创造过去时代的人物。我以自己所了解的写成了第一本小说，但因为被这种不良地劝说所诱导，就开始写历史传奇了。我是利用长长的假期在卡普里岛写的。我的热情使得我每早六点起床，持续不断地写下去，直到饥饿迫使我停下来吃早餐为止。我至少想要把早晨的其余时间花在海里。

· 44 ·

我不需要谈我接下来几年所写的小说。其中有一本叫《克拉多克夫人》的还算成功。我在作品选集里曾经重印过这部小说。其他几部中，有两本是我没能上演的剧本改编的小说。在一段很长的时间里，这两本书就像一种不名誉的行为在我的心坎里潜伏着，我得费力压制它们。但现在我知道，我的不安是不必要的。甚至最伟大的作家也写过很多很糟糕的书。巴尔扎克就有很多作品没有收进《人间喜剧》，而在他收入《人间喜剧》的作品里，也有几部只有学生才会费心去读。作家可以放心，他自己想要忘掉的书，也会被读者忘掉的。我的这几部作品里，有一本是为赚够钱以便维持第二年的生活而写的；另外一本书的写作原因是：那时我非常喜欢一个生活奢侈的年轻女郎，而我欲望的满足受到了挫折，因为有更富裕的敬慕者向她献殷勤，他有能力供应她轻浮的灵魂所渴求的豪奢。我除了真心和幽默感以外，没有其他东西献给她。我决定写一本书，想赚个三四百英镑，以便与我的情敌竞争，因为那个年轻女人实在是迷人。但纵使你努力工作，写一本小说也要花很长时间，你还得出版，而出版商要等到好几个月以后才会付给你钱。结果是，收到钱时，我本以为会永远持续下去的热情之火已经熄灭了，我一丁点儿也不再希望以原来的方式把那些钱花掉。我用这笔钱去了埃及。

在我成为职业作家后的最初十年里，我写的书是我获得这个行业更多本领的练习，只有上述的两本书是例外。让职业作家感到困扰的难题之一，就是他必须牺牲大众读者，去学到自己的技巧。他不得不依靠本能写作，他的头脑充满了题材。他没有足够的技巧去应对这些题材。他的经验贫乏，而且没有经过训练，不知道如何尽量使用他所有的天赋。当他写完一部作品，假如能够的话，就必须出版，当然一部分原因是为了得到生活所需要的钱，但也因为他要在书印成铅字后，才会知道作品是什么样子，只有这样，他才能从朋友的意见和评论家的批评中发现问题。我一直听说，莫泊桑无论写了什么东西，都要交给福楼拜判断，一直到连续不断写了几年后，福楼拜才允许他发表第一篇小说。那就是全世界都知道的，他的小杰作《羊脂球》。但这是不常见的例子。莫泊桑在政府里有一个职位，使他既能安心生活，又有足够的闲暇写作。很少有人能在试试出版的运气之前，有耐心等那么久的时间，而能够找到福楼拜那样负责和伟大的作家来指导，有这般好运气的人更少。一般来讲，作家假如要等到有了较为丰富的生活知识和熟练的艺术技巧后，再去处理题材，那么他们都会因此而浪费掉可以善加利用的题材。我有时希望自己不那么幸运，第一本书不要那么快就被接受，因为我那时应该继续我的医学生涯。我应该接受医院的职位，做各个地区开业医生的助手，做代理医师，那样我就会得到大量有价值的经验了。假如我的书一本又一本地被拒绝的话，最后呈现在读者面前的书，应该就不会那么不完美了。我后悔没人引导我，我本来有可能避免把很多努力浪费在错误的方向上。我认识一些文人，但不是很多，因为在那个时候，我已经有一个感觉：与他们交游，虽然足够令人愉快，却对写作无益，因为我太羞怯、太高傲、太不自信，无法求得他们的意见。我所学习的法国小说多于英国小说，在学习了莫泊桑后，我就转向司汤达、巴尔扎克、龚古尔兄弟、福楼拜和法朗士了。

我尝试过各种不同的实验，其中一个在当时还很新奇。我一直热切追求的生活经验向我表明，小说家选择两三个人，或者一群人，然后描写他们的冒险事迹（不管是精神上的还是非精神上的），好像在世上没有别的人存在，也没有别的事发生，这种方法所呈现的现实图画非常片面。我自己就生活在彼此没有关联的几个圈子里，这使我想到，假如一个人能同时处理一段时期内，不同圈子里所发生的同等重要的不同故事，就有可能呈现出一幅更为真实的图画。我选了很多人，比以前曾经试图处理的角色要多，然后想出四五个独立的故事。这些故事靠一条很细的线索互相牵连着，这条很细的线索是一个老妇人，她至少认识每组故事中的一个人。这本书名为《旋转木马》（*The Merry-Go-Round*）。此书有点荒谬可笑，因为我受到90年代唯美学派的影响，把每个人都写得不可思议地美，并且是以一种紧凑而做作的方式写成的。但它的主要缺点，是缺少一条引导读者兴趣的持续不断的线索。四个故事毕竟并不同等重要，并且把读者的注意力从一组人引向另一组人，是会令人厌倦的。我失败了，因为我不知道采用一种很简单的方法，即借用一个人的视角去看故事中的不同事件和角色。这当然是自传体小说已经采用了好几个世纪的方法，而亨利·詹姆斯将其发展得尤为成功。詹姆斯以“他”来替代“我”，然后从一个全能叙述者的全知状态中退出来，转向一个不完全知情的参与者视角，如此发展出一种给予故事统一性和逼真性的方法。

· 45 ·

我认为我比大部分作家发展得更慢。大约在上世纪末、本世纪初[1]，我被认为是一个聪明的年轻作家，相当早熟、尖刻，有点令人不快，但还值得考虑。虽然我从自己的书上赚的钱很少，但我的书得到了详细和认真的评论。不过，当我把自己早期的小说和现在年轻人写的比较时，不禁发觉他们的作品要更加完美。我这正在老去的作家，一直在关注年轻作家的所作所为，并且也时常阅读他们的小说。十几岁的女孩子，还有大学里的年轻小伙子写的书，似乎都不错，组织得也很好，并且显得成熟有经验。我不知道是否现在的年轻人比四十年前的年轻人成熟得更快，或者，是否那时的小说艺术进步得特别快，所以现在要写一本好小说，其难度就跟那时要写一本平庸的小说差不多。假如你费心去

1. 即 19 世纪末，20 世纪初。——译者注

查阅当时似乎是世俗智识里最时髦的《黄面志》[1]，你会惊奇地发现，其中大部分作品都糟糕得一塌糊涂。就那些作家展示出的所有作品而言，他们只不过是死水里的一个旋涡，英国文学史所能给他们的，不过是短暂的一瞥。我翻开那些发霉的纸页时自问：是否再过四十年，当代文学里年轻灿烂的作家们，也会像《黄面志》里的处女姑妈那样显得空虚不实，这时我就会有一些战栗之感。

我很幸运，以戏剧家的身份获得名声，所以就不需要一年写一本小说来赚钱糊口了。我发现写戏剧容易，戏剧带给我的名声并不令人不快，戏剧为我赚到了足够的钱，使我能够不像以前那样被迫过穷日子。我从没有过那种不为明天担心的波希米亚特性。我从不喜欢借钱。我讨厌负债。邋遢的环境对我也没有任何吸引力。我不是生于邋遢的环境里。我一有能力，就在梅费尔[2]买了一栋房子。

有些人不喜欢财富。当然，他们说，艺术家以财富拖累自己是不适当的，这也许是对的，但艺术家本人并不持这样的观点。他们从不会自愿住在楼阁里，如他们的仰慕者所希望看到的那样。他们常常毁于自己对奢华的追求。毕竟，他们是想象的动物，他们喜欢派头，喜欢华美的房屋、按其吩咐做事的仆人、豪

---

1. 《黄面志》（*The Yellow Book*）：19 世纪英国著名的文艺杂志。在中国，郁达夫是第一批介绍《黄面志》的人之一。

2. 梅费尔：伦敦的上流住宅区。

华的挂毯、可爱的画作，以及奢侈的家具。提香[1]和鲁本斯[2]像王子般生活着。蒲柏有自己的避暑洞室和梅花屋，沃尔特爵士有自己的哥特式房产。格列柯[3]有自己的套房，还有专门在他吃饭时奏乐的乐师，有自己的图书馆和华美的衣服，最后在破产中死去。艺术家住在一个半独立的别墅里，吃着杂役女仆做的乡下馅儿饼，这是反常的。这显示的不是无私的美德，而是贫弱、卑微的灵魂。因为，对艺术家而言，环绕在他四周的奢侈豪华氛围，不过是他的一种娱乐。他的房子、他的土地、他的汽车、他的图画，都是他自娱自乐的玩物，这一切都是他能力的可见象征。这些并不会透视出他最基本的超然。就我自己而言，我可以说已经拥有了钱财能买到的所有好东西（别人也会有这样的体验），因此我可以毫不心痛地放弃我的所有财产。我们生活在不确定的时代，我们所有的东西，都可能被拿走。有足够的粗茶淡饭满足我的小小胃口，有自己的房间，有从公立图书馆借来的书，有笔和纸，我就不再遗憾了。我成为戏剧家，赚了很多钱，我对此感到很高兴。这些钱给了我自由。我很小心地对待这些钱，因为我不愿意再处在一种贫穷状态，使我因为缺钱而不能做我真正想做的事情。

---

1. 提香（Titian，1490—1576）：意大利文艺复兴后期威尼斯派画家。

2. 彼得·保罗·鲁本斯（Peter Paul Rubens，1577—1640）：佛兰德斯画家，巴洛克画派早期代表人物。

3. 埃尔·格列柯（El Greco，1541—1614）：西班牙文艺复兴时期画家、雕刻家、建筑师。

· 46 ·

我是一个作家，就如同我原本可能是一个医生或律师一样。作家这种职业令人愉快，所以假如有大量没有资格的人也在从事这一行当的话，那并不会让人惊讶。作家这种职业多彩多姿，令人兴奋。作家可以自由选择他的工作地点和时间。假如感到不舒服或沮丧，他可以自由地去闲逛。但作家也是一种有缺点的职业。其中一个缺点是，虽然整个世界的人，所有的情景和事件都是他的材料，但一个作家仅能处理与自己的性情里某种秘密之泉相呼应的那些事物。矿山丰富得不可计数，但我们每个人只能自其中得到一定量的矿物。这样，作家就有可能在丰饶之中饿死。他找不到合适的矿藏，我们说，他把脑汁都写得枯干了。我想，很少有作家不被这种恐惧所扰。另外一个缺点是，职业作家必须讨好大众读者。除非有足够数目的人要读他的作品，不然他是会饿死的。有时候，环境的压力对他太大了，他心中压抑着怒火，向大众的要求屈服。一个人对人性不必期求太多，他偶尔用来糊口的作品也可能会被宽容地接受。那些处于独立环境的作家应该同情，而不应嘲笑有时被困境逼迫去卖文的同行。切尔西[1]的一个小贤人说，为钱写作的作家不是为他而写的。他说过很多智慧的警句（贤人当然应该这样），但这句话却很愚蠢可笑，因为读者跟作者写作的动机无关。读者只关心结果。很多作家需要贫困的刺激（塞缪尔 · 约翰逊是其中之一），但他们不是只为钱而写作。假如他们只为钱写作，那他们就太笨了，因为你以同等的能力和勤勉去从事其他职业，几乎都能赚到比写作更多的钱。世界上大部分伟大的画像，都是人家付钱给画家之后画出来的。绘画跟写作的情形一样，工作是那么令人兴奋，所以一旦开始工作，艺术家就会尽其所能完成作品。但画家只有基本上满足他的顾客才能得到佣金，同样的理由，作家的写作只有让读者感兴趣，他们的书才会有人读。然而，作家有一种感觉，他们觉得读者应该喜欢他们所写的东西，假如他们的书不卖钱的话，其错并不在他们，而是在读者本身。我从没碰到一个作者承认说，人们不买他的书是因为他自己的书索然无味。有些艺术家的作品长久以来都几乎不为人所欣赏，但最后却出了名，这种例子很多。可是，作品继续被忽视的艺术家更多，只是我们没听说过他们的名字。那些销声匿迹的艺术家，他们为艺术所做出的奉献在哪里？假如天分包括对世界的特殊看法和某种能力的话，那么我们就可以理解，为什么独创力并不是首先受到欢迎的了。在这个永远在变动的世界里，人们对新奇并不会加以信任，他们要花一些时间才能

1. 切尔西：伦敦最繁华的区域之一。

习惯新奇。一个有特性的作家，必须渐渐去发现那些喜欢他特性的人。他不仅要花时间成为自己（年轻人总是在羞怯中成为自己），而且也要花时间使那群人（最后他会很傲慢地称那群人为他的公众）信任他有能力给予他们所要的东西。他个性越强，就会发现要达到这个地步越难，要赚钱生活也要花更长时间。他也无法确切地知道，结果是否会持久，因为可能由于他的个性，他只能展现出一两手，不久就会回归到以前他曾经艰难地想要出头的无名境地中去了。

作家应该有一份职业，以便给他提供面包和黄油，并且这份职业还要能使他有余暇写作，不过这只是说起来容易。事实上，以前的作家通常都会被迫经历这个过程：无论怎样杰出和受欢迎，都不能借写作赚足够的钱来维持心灵生活和物质生活的美满。在很多国家里，因为读者数量很少，作家仍然被迫去从事一种职业。他们必须在办公室工作（在政府的保护下更好），或者靠从事新闻工作来弥补生活的不足。但英语国家的作家有大量的潜在读者，所以写作可以合理地成为一种职业。假如在英语国家里，艺术教育没有被人瞧不起的话，作家就会比现在更加充斥于各地了。人们有一种看似合理的感觉，觉得写作或画画不是一份工作，而这种观点带来的社会压力，使得很多人不会进入作家或画家的行列。你要从事一种至少会使你背负小小程度的道德污名的职业，就必须有一个坚定的意愿。在法国和德国，写作是一种有荣誉感的职业，所以即使物质回报不令人满意，父母还是会赞同孩子从事这种职业。你时常可以碰到一个德国母亲，当你问她年轻的儿子将来要成为什么样的人时，她会骄傲地回答说："诗人。”而在法国，一个有大笔嫁妆的女孩跟一个有天分的年轻小说家结婚，这会被女孩的家人看作是很合适的结合。

但作者并不仅仅坐在桌边时才写作，他整天都在写，想时在写，读时在写，体验时也在写；他看到和感觉到的一切都对他的目的有意义，他自觉或不自觉地，永远都在储存和改造他对世界的印象。他不能对任何其他职业给予这种专一的注意力。他不以满足自己或雇主的意愿去选择职业。作家最通常从事的职业是新闻行业，因为新闻行业似乎跟他的写作有着更密切的关联。但这是最危险的，因为报纸有一种无关个人特性的东西存在，会不知不觉地影响到作家。为报纸大量写作的人，似乎会失去为自己观看事物的能力。他们时常生动地以一个普遍性的立场去观察事物，有时以一种令人兴奋愉悦的心情去观看，但从不以其个人特性去观看（其特性可能只给予人们一幅片面的图画，却充满着观察者的个性）。报纸事实上抹杀了替它写作的人的个性。撰写书评的害处也是一样不少。除了跟自己直接有关的书以外，作家没有时间去读任何其他书，而在泛泛地读了成百上千本书以后，作家并不会自其中得到精神上的收益，而是要对这些书进行一次合理、诚实地介绍，这样的阅读会磨钝他的感受力，阻碍他想象力的源泉。写作是一种全天候的职业。写作一定得是作家生活的主要目的，也就是说，他必须成为一个职业作家。假如他有足够的财产，可以不靠作家的收入生活，那他算是幸运的了，但有一份职业也并不能阻止他成为一个职业作家。斯威夫特做了副主教，华兹华斯有一份闲差使，但他们像巴尔扎克和狄更斯一样，还是职业作家。

· 47 ·

大家都承认，绘画和作曲的技术只能靠勤勉地努力而学得，而业余爱好者的作品，只能以开怀或愤怒的轻蔑心情看待，这是事实。我们大家都庆幸收音机和留声机的出现，已从我们的客厅里把业余钢琴家和业余歌唱家都赶走了。写作的技术并不比其他艺术容易，然而，因为大家都能读信和写信，所以大家就认为，任何人都可以写出很好的作品。写作现在似乎是人类偏爱的休闲活动。像在值得庆祝的日子里去教堂一样，全家人都会爱上写作。女人会借写小说来消磨掉她们的孕期时间；乏味的贵人、被革职的官员、退休的公务员，会像人们飞奔向酒瓶一样，奔向笔墨纸张。大家都有一种印象，仿佛每个人都可以写一本书，但假如这本书是指一本好书的话，那这个印象就是错误的了。业余爱好者有时可能会写出一部有价值的作品，这倒是真的。他可能很幸运地天生就写得不错，他可能有过有趣的经历，或者，他可能有一种迷人或奇妙的个性，由他笨拙的笔端记录到印刷的纸页里。但是，他要记得：这句话只是说每个人都可以写一本书，并没有提到第二本书。业余爱好者可以明智地不再去碰运气，他的第二本书一定是没有价值的。

因为业余和职业之间的最大不同之处，是后者有进步的能力。我重复一遍，一个国家的文学不是由少数几本优秀作品构成的，而是由庞大的作品构成的，而只有职业作家才能产生庞大的作品。那些主要靠业余作家产生作品的国家，以及那些虽然需要艰苦地赚钱维持生活，但还是有很多人把写作当成职业的国家，两者的文学一比较，前者就显得单薄了。庞大的作品，法语里叫 Oeuvre，是长期持续、坚定努力的结果。作家和其他职业者一样，靠试验和犯错来进行学习。他早期的作品是试验性的，他尝试各种不同的题材和方法，同时发展自己的性格。与此同时，他发现了自我，发现了他必须给予读者什么，并且学习到如何把这种发现发挥到最高境地。当他拥有了完全的能力后，他就能创作出他有能力写出的最好作品。因为写作是一种健康的职业，在写出了最好的作品之后，一个作家可能还会活很久，并且此时，写作会变成一种根深蒂固的习惯，因此无疑地，他会继续写出一些不那么重要的作品。读者大众会理所当然地忽略这些作品。从读者的观点来看，作家一生中所产生的作品，很少是“根本”的（我说的“根本”，是指表达他个性的一小部分自我，并没有为这个词赋予绝对的价值）。但是我想，他只能长期做学徒，经过了很多次失败，才能创作出根本的作品。为此，他必须把文学当作他一生的事业。他必须成为一个职业作家。

· 48 ·

我已经谈到作家这种职业的短处，现在，我要谈谈其危险处。

显然地，没有一个作家能只在高兴时才去写作。假如等到他有心情时才写，就如他所说的，有灵感时才写，那么他会无限期地等下去，而结果只会产生很少的作品，或者产生不了作品。职业作家创造状态。他也有自己的灵感，但他加以控制，借着定时和有规律地工作，使灵感成为他的奴婢，供他使唤。但在此以后，写作就变成一种习惯。就像退休的老演员，一到他以前要去戏院，为晚上的演出化妆的时间时，就显得坐立不安。同样，作家在他已经习惯写作的时间到来时，就会技痒，要去拿起笔和纸来写。就这样，他就自动地写起来了。词句很容易地从笔下流泻出来，而词句又带着观念。那些都是陈旧又空洞的观念，但他熟练的手可以将之转变成一篇大众满意的作品。他去吃午餐或者上床睡觉时，心中都确实认为他完成了这一天美好的工作。艺术家的每篇作品都应该是他灵魂冒险的表白，这是一种理想的状态，而在一个不完美的世界里，我们应该给职业作家一定程度的宽容，但“灵魂冒险的表白”确实是他应该保有的目标。他写得好，其目的只是要写作，以便使他的精神从因为长久沉思而成为其重负的题材中解脱出来，而假如他聪明的话，他用心写作也只是为了求得安心。可能打破写作习惯最简单的方法，是让环境变得不适合从事日常工作。除非你形成了一种习惯，不然你是不能写得好或写得多的（我冒昧地提一个意见：除非你写得多，否则你不能写得好）。但写作的习惯就像生活中的习惯一样，只有在显得没有益处时马上就戒掉，这样才是好的。

但很不幸地，困扰职业作家最大的危险，只有很少的人才需要防备，那就是成功。成功是作家必须对付的最大敌人。在作家经过长久和辛酸的奋斗，最后取得成功时，他发现成功布下了一个陷阱，要纠缠和毁灭他。我们很少人有决心去避免成功的危险。成功的危险必须加以小心地应付。一般人认为，成功使人们变得虚荣，显得以自我为中心和自我满足，进而毁了他们自己，这是错误的。相反地，成功多半会使人谦卑、宽容和友善。失败则会使人们变得尖刻而残忍。成功改善人们的性格，却并不常常改善作者的性格。成功可能会大大地把带给作家成功的那种力量剥夺掉。作家的个性是由他的经验形成的：他的奋斗，他受了挫折的希望，他企图使自己适应敌对世界的努力。假如作家的个性没被成功的软化影响力所修正的话，那这种个性一定很顽固。

此外，成功常常本身孕育着毁灭的种子，因为它可能把作家和导致作家成功的元素之间的联系完全切断。作家进入一个新的世界。他受到极大的尊重。假如他没有被伟人对他的关注所迷惑，并且对美人的殷勤也无动于衷的话，他就几乎是一个超人了。他习惯于另一种可能比以前更奢侈的生活方式，并且习惯于结交比以前更富于社交魅力的人。这些人显得更聪明，他们表面的光彩也很有吸引力。要他仍然在过去熟悉并且提供了写作题材的圈子里自由活动，这对他是多么困难的事啊！在他的老伙伴们眼中，他的成功已经改变了他，他们跟他在一起时不再感到自在了。他们可能以羡慕或敬佩的眼光看待他，但不再把他看成他们之中的一员了。他的成功引导他进入的世界，激发了他的想象力，他于是把有关这个世界的故事写出来，但他是在外围看这个世界，他无法穿透外围进入这个世界，变成这个世界的一部分。阿诺德 · 本涅特[1]是再好不过的例子了。除了他出生和长大的“五镇”生活外，他对其他地方的事都知道得不详细，并且，只有在他处理“五镇”的生活时，他的作品才显得有性格。成功把他引进文人、富人、美人的交际圈子里，他试图去研究他们，这时，他所写的就没有价值了。成功毁了他。

---

1. 阿诺德 · 本涅特（Arnold Bennett，1867—1931）：英国作家，出生在斯塔福德郡的小镇汉利附近。1902—1913年，本涅特侨居巴黎，开始发表以家乡盛产陶瓷制品的五座工业城镇里中产阶级的日常生活为题材的小说，并因此成名。

· 49 ·

因此，对成功能小心翼翼加以注意的作家算是明智的。他必须以诚惶诚恐的态度去看待别人因为他的成功而向他提出的要求，以及成功强加在他身上的责任，还有紧随成功而来的阻碍活动。成功仅能带给他两件好事：一件是比较重要的，那就是顺应自己内心倾向的自由；另一件是对自我的信心。尽管作家有自负和敏感的虚荣，但当他把自己的作品和他想要写成的作品进行比较时，他总会感到不安。他心里所看到的作品和他尽力写出来的作品之间，差距甚大，以至于对他来说，这部作品也就仅此而已。他可能会偶尔满意其中的几页描写，偶尔欣赏其中一个插曲或一个角色。我想，他一定很少以完全满意的心情，来看待他的整个作品。他在内心深处怀疑自己的作品一点也不高明，而读者的赞美，他也倾向于怀疑这种赞美的价值。

这就是为什么赞美对他显得重要的原因了，渴求赞美是一个弱点，虽然可能是可以原谅的弱点。因为艺术家应该对赞美和责备漠不关心，他只要关心作品跟他自己的关系，而作品如何影响大众，却可能只会在物质上牵涉他，在精神上跟他并没有关联。

艺术家为灵魂的解放而创作作品。他有创作的特质，就如同水有流下山谷的特质一样。艺术家称他们的作品为思想的结晶，并且把写作的痛苦比喻为生产的痛苦，这并非无稽之谈。作品就像是不仅在他们思想里存在，同时也在他们的心脏、神经和内脏里生长的有机物。那是他们的创造本能自其灵魂和肉体的经验中发展出来的某种东西，这种东西最后变得让人难以忍受，艺术家必须将其摆脱掉。摆脱之后，他们就会得到某种解放感，并且有一段甜美的片刻，休憩在平和之中。但他却不像人类的母亲，他们很快就会对生出的小孩不感兴趣了。那不再是他们的一部分。作品已经给了他们满足，而现在他们的灵魂准备开始一次新的怀孕。

作者在创作作品时，已经完成了自我。但这并不是说，他的作品对别人有什么价值。书的读者、画的观者，与艺术家本身的感觉没什么关系。艺术家追求释放，而外行人还在追求交流，外行人自己就能判断这种交流是否对自己有价值。对艺术家而言，他所给予的交流只是一种副产品。我现在不是谈那些练习艺术用来教书的人，他们是宣传员，对他们来说，艺术只是一些细枝末节的问题。艺术创造是一种可以在自身的练习中得到满足的特殊活动。创造出来的作品，是好是坏，那是外行人才会去判断的事。外行人从作品传达给他的美学价值来判断。假如是逃避现实世界的作品，他们就会加以欢迎，但可能充其量只会将其称为次等艺术而已；假如作品丰富了他们的灵魂，开阔了他们的个性，他们会恰如其分地将之描述成伟大艺术。但我坚持，这跟艺术家无关。假如艺术家因为给了别人愉悦或者较大的力量而感到高兴的话，这是人之常情。但是假如人们在他的作品里没发现需要的东西，他也不应该见怪。因为他已经从自己创作本能的满足里得到了回报。这并不是不能实现的理想，这是艺术家能够朝着他的目标——那不可达到的完美——努力的唯一条件。假如他是一个小说家的话，他就可以用他对于人、对于地方的经验，他对自己的了解，他的爱与恨，他最深的思想和短暂的幻想，在一部又一部作品里描绘生活的图画。那最终只会是一幅不完整的图画，假如幸运的话，他最后会在别的方面成功的，他会描绘出一幅关于他自己的完整图画。

无论如何，当你把目光投向出版商的广告时，这样的想法是一种安慰。当你读了那些长长的书单，当你发现书评家称赞了那些书的机智、深远、独创和优美时，你的心头一沉；跟这么多天才比较起来，你能有什么机会呢？出版商会告诉你，一本小说的平均寿命是九十天。你很难在这样一个事实面前低头：一本你投入了全部自我，还经受了几个月劳神费心的书，竟会在三四个小时内被读完，并且在很短的时间后就被人遗忘。虽然没什么好处，但也不会有作者心胸狭窄得不偷偷地希望：至少他作品的某一部分会比他多存留一两个时代。对身后之名的信仰是一种无害的虚荣心，这种虚荣心通常使艺术家能屈服于生活的失望和失败。当我们回顾二十年前看上去肯定会不朽的那些作家时，我们就晓得生前就没有获得成功的艺术家要在死后成名是多么不可能。他们的读者现在到哪儿去了？而由于大量书籍的不断产生，以及那些在世作家的不断竞争，曾经一度被遗忘的作品，就很少有可能再被记起了。关于后人，有一种很奇特（有些人可能会认为很不公平）的情形：他们似乎只会从在世时就受到欢迎的作者之中，选择他们要加以注意的作品。那些只在当时让某些人喜欢，而从未得到广大公众欢迎的作家，也不会得到后人的喜欢，因为后人根本不会听到他们的名字。这对于畅销书作家来说是一种安慰，因为这些人的作品曾给人的深刻印象，就是被视为流行即是无价值的充分证明。可能莎士比亚、司各特和巴尔扎克都不是在为切尔西的小贤人写作，但看起来，他们好像确实是在为后人写作。只有在自己的作品里得到自身的满足，作家才会有一种安全感。如果他能从作品带给他的灵魂解放中，从塑造灵魂的愉悦中，至少能在某种程度上满足自己对于美的感受，那么他就已经得到了劳动回报，而他也大可以对结果漠不关心了。

· 50 ·

对作家而言，生活是一个悲剧，他借着创造的才赋享受着净化作用，清除了缺憾与恐惧。亚里士多德告诉我们，净化作用就是艺术的目的。因为，作家的罪过、愚蠢，他所遭受的不快，他的单相思，他肉体的缺陷、疾病、困乏，他放弃的希望，他的悲伤、屈辱，每件事都借着自身的力量，转变成作品的材料，并且写了这些，他就可以克服这些了。每件事物，从街上对路人面目的一瞥，到震惊文明世界的战争，从一朵玫瑰的芬芳到一个朋友的死亡，都是他磨坊的谷物。不管他遇到什么事物，都可以将之转变成一首诗、一首歌或者一个故事，并且在这样做之后，他就与这些事物无关了。艺术家是唯一的自由人。

可能这就是为什么全世界都会对他有着深深的怀疑。当他对人们的普通冲动有那样莫名其妙的反应时，我们就无法确认他是否可以为人所信任了。而且，艺术家使人类愤慨的是，他们从不感觉到自己应该被通常的标准所束缚。为什么他要这样认为呢？对一般人来说，思想和行为的主要目的，是为了满足他们的需要和维持他们的生存，但艺术家却是借艺术的追求来满足他们的需要和维持他们的生存。一般人的消遣，对艺术家来说是严肃的正经事，所以艺术家对生活的态度无法跟一般人相同。艺术家创造自己的价值。人们认为他们愤世嫉俗，因为他们并不看重美德，也不反感一般人厌恶的罪恶。艺术家并不愤世嫉俗，但一般人所称的美德和罪恶，并不是他们特别感兴趣的。美德和罪恶是事物体系里无关紧要的元素，艺术家在此之外建构属于自己的自由。当然，普通人对他们的愤怒是应该的。但这并不会对他们有什么帮助。他们已经难以改变了。

· 51 ·

作为戏剧家取得成功后，我就草草决定要把余生献给戏剧。那段时间我很快乐、很充裕，也很忙碌，脑子里满是打算要写的戏剧。我不知道，是否成功并没有带给我所期望的全部，或者这会不会是成功后的一种自然反应：当我刚刚稳固地建立起流行戏剧家的地位时，过去生活的记忆也开始泉涌而来，让我感到困扰不已。母亲的逝世和之后家庭的破裂，我在英国学校初期遭遇的悲惨境遇——在法国度过的童年使我无法为此做好充分地准备，而我的口吃也让这一切变得更加艰难。还有，当我在海德堡，第一次走进知性生活时，在平易、单调却令人兴奋的岁月里所体验到的喜悦，在医院那几年的厌倦感以及伦敦带给我的激动感觉，所有这一切都涌上心头，压得我喘不过气来。在睡梦中，在散步时，在排练戏剧时，在参加聚会时，这些都变成我心头的重负，于是我打定主意，只有以小说的形式把这些全都写下来，我才能重新获得安宁。我知道这将会是一部很长的小说，而我不愿意受到干扰，所以拒绝了经理人急着要跟我签的协议，暂时退出了舞台。

在我获得医学学位前往塞维利亚时，我已经以同样的主题写过一部小说。幸亏费希尔 · 昂温拒绝了我所要求的几百英镑的条件，并且没有任何其他出版商愿意以任何价钱接受这本小说，否则的话，我就会失去这个因为当时太年轻而不能善加利用的题材了。手稿至今尚存，但我自从修改了打字稿后，就没有再去看一眼了。这个手稿无疑很不成熟。我离我描写的事件不够远，无法理智地看待它们，而我也没有足够多的经验，可以在后来去丰富这本我最终写成的书。我心想，假如这第一本小说的写作，完稿时并没有把有关的不愉快记忆压抑回我的潜意识里，那是因为要等到作品出版时，作家才能摆脱题材的纠缠。当作品呈献在大众面前时，不管大众多么不在意，作品也已不再是作家的了，并且他已脱离了压迫他的重担。我把我的书命名为《灰烬之美》（*Beauty from Ashes*），出自《以赛亚书》里的一句话，但我发现这名字已经被用过了，所以我就用了斯宾诺莎《伦理学》里一个篇目的名称，把小说叫作《人性的枷锁》（*Of Humam Bondage*）。这不是一本自传，却是一本自传体小说，事实和非事实缠绕在一起，其中的感情是属于我自己的，但并不是所有事都和实际情形有关，其中一些并不属于我自己的生活，而是从熟悉的人的生活里取材的。这本书达到了我希望的地步，而当此书面向世界发行时（这世界处于战争的剧痛中，太关心自己的痛苦，而不去管小说里人物的历险），我发觉自己永远脱离了痛苦和不快乐的回忆。我把那时候知道的事都写进去了，并且在终于完成时，已经准备好了新的开始。

· 52 ·

我厌倦了。不仅厌倦了人们，也厌倦了长久盘踞我心中的思想，厌倦了跟我一起生活的人和我所过的生活。我感觉到，在我生存其中的世界里，已得到了我能自其中得到的东西；我成为戏剧家，成功本身带给我奢侈的生活；社交活动，在大人物家里的豪华餐宴，在乡村别墅里的盛装舞会和周末宴会；和聪明有才华的人物，那些作家、画家、演员的交往；我有过的爱情，还有朋友们轻松的陪伴；生活的舒适与安稳。这一切都使我感到窒息，我渴求一种不同的生存状态，以及新鲜的体验，但不知道去何处寻求。我想到了旅行。我厌倦了我的生活状态，因此想，如果到远方的国家做一次长途旅行的话，可能会使我的生活有所更新。俄国在那时的人们心目中有很大的分量，我想到那儿待一年，学习我对其已经有基本了解的语言，把自己沉溺在那个广阔国家的感情和神秘里。我想，我在那儿可能发现一些滋养和充实我精神的东西。那时我四十岁。假如有意结婚生子的话，的确是时候了，有一段时间，我设想过自己处于结婚状态的画面，以这种想象来自娱。我没碰到一个使我特别想要结婚的女人。结婚的状态吸引了我。结婚似乎是我设计的生活模式里一个必需的主题，而就我天真的想象而言（因为，我虽然不再年轻，并且认为自己深谙人情世故，但仍然在很多方面难以置信地天真），结婚可以使我生活安定，平静地生活下去，不再受恋爱的干扰。恋爱虽然最初可能显得简单，但却会带来一些复杂和麻烦的状况（因为要成功一桩罗曼史，必须有两个人，而一个男人的蜜糖，常常是另一个女人的砒霜）。平静，以及一种安定而有尊严的生活，这样的生活能够使我去写自己要写的所有东西，而不至损失宝贵的时间或者产生心灵的不安。我寻求自由，而我想可以在婚姻里找到自由。当我还在写《人性的枷锁》时，就孕育了这些念头，并且在此书的末尾，像其他作家一样，我把自己的愿望放进小说里，勾绘出一幅我喜欢的婚姻图景。大多数读者都认为，这是书里最令人不满意的一部分。

但我的不确定性，却被一件无法控制的事件决定了。战争爆发了。我生命里的一章已告结束。新的一章要开始了。

· 53 ·

我有一位朋友，他是内阁大臣，我写信要求他帮忙，于是我被邀请到陆军部去做自我介绍。但是我害怕被安排在英国从事事务工作，同时我也急着要回到法国去，所以就加入了一个救护车的部门。虽然我个人不认为我的爱国心低于其他人，但我的爱国心却混杂着新经验所给予的兴奋，所以一踏上法国领土，我就开始记笔记。我一直不间断地记着，直到工作变得繁重，使我在一天终了时疲倦不堪，除了上床睡觉，不能做其他事。我享受自己被抛入的这种新生活，以及不用负责任的轻松感。自从告别了学校生涯以来，我就不再被人命令去做什么，现在被吩咐去做这做那，并且做完后感到时间还是自己的，这对我来讲是一种愉快的经历。身为作家的我，从未有过这样的感觉，相反地，我总是感到自己的时间一分钟也不能浪费。现在我不用感到愧疚，就可以在咖啡馆懒散地闲谈几个小时，消磨悠闲的时光。我喜欢碰到一大群人。虽然我不再写作了，但我还是会把他们的特性珍藏在记忆里。我不会处于任何特殊的危险中，所以急于想要去了解，处于危险中时会有什么感觉。我从不认为自己很有勇气，我也不认为需要这样。我只碰到一个机会，有可能自其中检视处于危险的感觉。那是在伊普尔[1]的大广场。在我走向另一边，要去看看织布大厅的遗迹时，一颗炮弹击中了我刚才倚靠着的墙。但我太惊惧了，没有去注意我当时的心理状态。

后来，我加入了情报局，在那儿我似乎更能派上用场了，因为我不太能胜任救护车的工作。这份工作带给我浪漫感，也带给我荒谬感。我所学到的迷惑跟踪者的方法，在意想不到的地方与其他情报员们秘密会谈，以秘密方式传达命令，越过国境偷送报告，所有这一切无疑都不可或缺，但却使人想起那时流行的犯罪小说里的情节。所以对我来讲，战争的大部分现实感因而都消失了，我只能把这些当作将来有一天会对我有用的写作素材。但这些素材却显得很老套，我怀疑自己能否用得上。在瑞士待了一年后，我在那儿的工作也结束了。这些工作需要大量的户外活动，瑞士的冬天酷寒，而不管天气如何，横穿日内瓦湖的旅程是免不了的。我的健康状况不太好，此时似乎没很多事可做，所以我就到了美国，在美国我有两个剧本就要上演。由于自己的愚蠢，以及一些事情（具体的事情不用细说了）产生的虚荣心，我的心灵处于破碎状态，我要恢复心灵的宁静，所以决定到南海去。自从我年轻时读了《退潮》[2]和《破

1. 伊普尔（Ypres）：比利时西佛兰德省的一个古老城镇，历史可以追溯到古罗马帝国时期。

2. 《退潮》（*The Ebb-Tide*）：英国作家罗伯特·路易斯·史蒂文森（Robert Louis Stevenson，1850—1894）的作品，其代表作还有长篇小说《金银岛》《化身博士》等。下文的《营救者》（*The Wrecker*）是他和继子的合著。

坏者》，我就想要去那儿了。此外，我也想为一本一直在构思的小说找素材，这本小说是以保罗 · 高更的一生为基础的[1]。

我去了，为了追寻美和浪漫，心中甚为高兴大海把折磨我的烦恼隔开了。我找到了美和浪漫，但也找到了我从未预想到的东西，我找到了一个新的自我。自从离开了圣托马斯医院后，我就一直跟那些珍视文明的人生活在一起。这时我开始想，世界上再没有比艺术更重要的东西了。我在茫茫宇宙中寻求一种意义，而我唯一能找到的，是人类在各处所呈现的美。表面上，我的生活多变而富于刺激，但实际上往下深入后却是狭窄的。现在，我走进了一个新的世界，身体里小说家的全部本能都雀跃出来吸收新奇的事物。我不仅被那岛屿之美所吸引，赫尔曼 · 梅尔维尔[2]和皮埃尔 · 洛蒂[3]已经为我做了预告，虽然这里有各种不同的美，但并非比希腊或南意大利更美。吸引我的也不是那里率性、具有冒险性和舒适的生活。使我兴奋的，是见到一个又一个对我来说陌生的人。我像是一个进入新国度的博物学者，其中动物种群的多样性令人不可想象。有的我认识，它们是我在书本上读到过的古老类型，它们给予我的惊喜感觉，就如同我曾在马来群岛看到过一只栖息在树枝上的鸟儿，而之前我只在动物园看过一样。最

---

1. 即《月亮和六便士》（*The Moon and Sixpence*）。

2. 赫尔曼 · 梅尔维尔（Herman Melville，1819—1891）：美国作家，代表作为《白鲸》。

3. 皮埃尔 · 洛蒂（Pierre Loti，1850—1923）：法国作家、海军军官，善于写异国风情，代表作为《冰岛渔夫》《菊子夫人》等。

初我还以为那只鸟是从鸟笼里逃出来的呢。其他的对我而言都是陌生的，正如同华莱士[1]碰到一个新物种时的激动心情一样，我也有这样的感觉。我发现他们易于相处。在他们之中，真是五花八门的人都有。实在说来，假如不是我那时的观察力已训练得很好的话，种类之多真是令人迷惑。没有特别费工夫，我就把每个人分门别类地整理和记忆到脑子里了。他们中很少人有文化。他们不从正规教育里学习生活，与我个人受的教育不一样，对事物的看法和结论也不同。他们在不同的层次生活，我不能自欺欺人地认为我的生活比他们高级。他们的生活和我的全然不同。明眼人可以看出来，他们的生活自成一种有秩序的模式，而且最后具有一贯性。

我走下自己生活里高高的底座。在我看来，这些人似乎比我过去认识的人更有活力。他们燃烧着的不是宝石般微弱的火焰，而是炽烈、冒烟的熊熊大火。他们有其狭隘之处，也有其偏见。他们时常显得乏味、愚钝，但我并不介意。他们是与众不同的。在文明社会里，人的特性因为需要遵从某些行为规定而被磨平了。文明是掩盖人们颜面的面具。然而在这里，人们赤裸裸地展现出他们真实的自我。这些异质生物被投入保存有大量原始成分的生活里，从未感觉到需要设法去适应传统的标准。他们能够发展自己的特性而不会受到阻碍。在大城市里，人们就像很多被

1. 阿尔弗雷德·拉塞尔·华莱士（Alfred Russel Wallace，1823—1913）：英国博物学家、探险家、地理学家、人类学家与生物学家，创立“自然选择”理论，促使达尔文出版了自己的演化论理论。

一起放进一个袋子里的石头，他们锯齿状的棱角被磨掉了，变得像弹珠那样平滑。但这些人从没磨掉他们的棱角。我认为他们比长久以来跟我相处过的人们，更接近人性的本来面目。就像几年前，那些鱼贯进入圣托马斯医院门诊部的人一样，我的心跃向这些人。我的笔记簿上涂满了有关他们外表和性格的简短描写，很快地，我的想象力被这些无数的印象所刺激，由于一个暗示、一桩意外事件，或者一次巧妙地创造，故事开始环绕着其中最生动的印象逐渐形成了。

· 54 ·

我回到美国，不久以后，为了一项使命被派往彼得格勒。我没有信心接受这个职位，我感觉这个职位需要一种我认为自己并不具备的能力，但那时似乎又找不到更合适的人选，而我身为作家，这种身份是一种很好的掩护。我的健康状况不太好，我有足够的医学知识去判断我所患的咯血症意味着什么。X光照片清楚地显示出我的肺部有结核。但是我不能失去在托尔斯泰、陀思妥耶夫斯基和契诃夫的祖国度过这么长时间的机会。我想，在我被派定的工作间隙里，可以自己做些有价值的事，所以我坚定地高踏着爱国主义的步调，并且说服我咨询的那位医生，在那种悲惨的环境下，我不会去做任何过分的冒险。最后我精神抖擞地出发了，带着可供我支配的大量资金，并且有四个忠实的捷克人在我和马萨里克[1]教授之间当联系人员。教授手下大约有六万名同志

1. 托马斯·加里格·马萨里克（Tomáš Garrigue Masaryk，1850—1937）：捷克斯洛伐克共和国的缔造者、首任总统，曾任查理大学哲学教授。

在俄国各地供他调度。我为职位赋予我的责任感到兴奋。我是以私人密使的身份去的，必要时，我可以否认自己的身份。上级指令我与反对政府的各党保持联系，并且想出一种方法，使俄国能够继续陷入战争，从而抵制同盟国支持的布尔什维克。我不需要在这儿告诉读者，我的任务失败得多惨，其实，假如早六个月被派去的话，我很可能就会成功，但我不会要求读者相信我这句话。我到达彼得格勒三个月后，政府垮台了，我所有的计划也就宣告结束了。

我回到英国。我已经得到了一些有趣的经验，并且很深入地了解了一个我所见过的人里最特别的，那就是鲍里斯 · 萨温科夫，曾经暗杀过特列波夫和谢尔盖 · 亚历山德罗维奇大公[1]的恐怖人物。但我在醒悟后就离开了他。需要行动时谈论不休、犹疑不决，只能招致毁灭的麻木不仁、夸夸其谈，以及毫无诚意与三心二意，我在各处见到的这一切，都使我对俄国和俄国人感到厌烦。我回来时实在病得厉害，因为我所处的职位无法享受到充分的供应品，但大使馆的人员却能吃得饱饱的，以便为他们的国家服务，我却像俄国人一样食物供应不足（当我到达斯德哥尔摩时，有一天的时间等一艘驱逐舰把我送过北海，我在一家糖果店买了一磅巧克力，一路走就一路吃了起来）。因为跟波兰有关的某个阴谋的关系，上级原本有一个计划要派我去罗马尼亚（计划

1. 特列波夫是俄国官员，谢尔盖 · 亚历山德罗维奇是沙皇亚历山大二世之子。

的具体细节我已经忘了），但最后这个计划却流产了。我不感到遗憾，因为我那时咳得昏天黑地，并且不断地发烧，每晚都无法睡得好。我到伦敦找了一位我能找到的最杰出的专家看病。他把我打发到北苏格兰的一个疗养院去，因为达沃斯和圣莫里茨那时都不容易去。之后的两年，我过着病人的生活。

我就这样度过了一段美好时光。生命中第一次，我发现躺在床上是多么可喜的事。在你整天躺在床上时，生活竟是那样多姿多彩，并且你可以找到很多事做，这多么令人惊奇。我的房间有巨大的窗子，窗外就是星光闪烁的冬夜，我喜爱一个人独处其中的乐趣。这给了我一种美好的安全感、疏离感和自由的感觉。寂静有魅惑之美。无限的空间都进入其中，我的精神与群星独处，似乎有着各种历险的可能。我的想象力从来没这样轻快过，就像一叶满帆的小舟在顺风飞驰。单调的日子里，读书和思考是唯一让我兴奋的事。这些日子以难以置信的速度消逝了。我痛苦地离开了床。

在我的身体恢复到每天可以有一部分时间跟其他病人混在一起时，我走进了一个奇异的世界。这些病人有的住在疗养院已好几年了，他们有不同的癖性，如同我在南海看到的那些人一样奇特。疾病、痛苦以及怪异、隔离的生活奇异地影响着他们，扭曲、强化、恶化着他们的性格，就像在萨摩亚和塔希提，人们的性格被郁闷的气候、隔离的环境所恶化、强化或扭曲一样。我想我在那个疗养院里学到了很多有关人性的东西，假如我没在那儿待过的话，对这些就无从得知。

· 55 ·

我恢复健康时，战争就结束了。我去了中国，是怀着对艺术感兴趣的旅行者的心态去的，要去看看这个有着古老文明的陌生民族有些什么风俗礼仪，但我也带着这样的想法：我一定会遇到各种各样的人，认识他们能增长我的见识。确实如此。我的笔记本里记满了对地方、人们的描述，还有因此联想到的故事。我开始意识到我能从旅行中得到的特殊益处了。以前，这只是一种本能的感觉。这种特殊的益处，一方面是精神上的自由，另一方面是搜集对写作有用的各种人的信息。后来，我又去了很多国家旅行。我渡过了十几个海峡，坐着班轮、不定期货船、纵帆船。在旅行途中，我坐过火车、汽车、轿子，走过路，骑过马。我留意着人们的个性、怪癖与品格。我很快晓得什么地方可以使我找到某种东西，我就等待，直到达到目的为止。否则的话，我就离开。我接受展现在我眼前的每一种经历。在资金允许的情形下，我尽可能舒舒服服地旅行，因为在我看来，为了清苦而清苦，那样很傻。但我并不会因为条件艰苦或环境危险而停下脚步。

我可不是什么观光客。我已把太多的热情花费在世界上有名的观光地，所以当我面对它们时，就再也表现不出什么热情了。我更喜欢普通事物，被果树丛环抱的、建造在木桩上的小屋，种植着成排椰子树的海湾曲线，或者路旁的一簇竹林。我的兴趣在于人，及其生活。我羞于跟陌生人打交道。但很幸运地，在旅途中，我有一个极具社交才能的同伴。他性情和蔼，在很短的时间里，就能跟船上，还有俱乐部、酒吧和旅馆里的人交上朋友。由于他，我才能很容易地接触到大量人，假如没有他的话，我就只能远远地了解他们。

我以一种合适的亲密程度跟他们认识。这种亲密程度的产生，是源于他们的厌倦或孤独，让他们很少能压抑住心中的秘密，而分离会不可挽回地破坏这种亲密。其关系之所以亲密，是因为其限度事先就设置好了。那些秘密所形成的图画是否真实，我不介意；我介意的是，借着想象力的帮助，我可以用遇见的每个人做材料，创造出一种看上去真实的和谐。这是我曾玩过的最迷人的游戏。

书本上说，不可能有两个人完全一样，每个人都是独一无二的。从某种程度来讲，这是对的，但这却是一个易于被夸大的真理。实际上，人是很相像的。人可以被分成较少的几个类型。相同的环境以相同的方式塑造人，不同的环境又塑造了他们不同的特性。你可以像古生物学家一样，通过一根骨头就复原一个动物。自从泰奥弗拉斯托斯[1]以来，“性格论”就是受欢迎的文学形式，加上17世纪的“体液说”，都证明人们把自己分成了少数几个显著的类型。实在说来，这是现实主义的基础，现实主义之所以吸引人，在于其认同感。浪漫主义的创作方法把注意力集中在“例外”上，现实主义则通常注意的是“常例”。一个正常的人，住在生活原始的国家或是奇特的环境里，其间轻微的变态环境就凸显了他们的正常，这样就形成了他们的性格；当他们自身变得不正常时（当然，他们有时会这样），由于缺少通常社会的制约，他们就可以以一种在更文明的社会里几乎无法赢得的自由，去发展他们的怪癖。然后你就看到了现实主义几乎无法应付的人类。我过去经常在外面游历，一直到我的感受性耗尽，并且在碰见人们时不再有能力去想象，从而赋予他们外形和一贯性。然后我回到英国，把我的印象加以整理，然后开始休息，直到我的吸收能力恢复为止。最后，我在七次这样的长途旅行后，我在人们身上发现了一种相同之处。我更加频繁地碰到以前我碰到过的类型。他们不再使我那样感兴趣。我得出结论：我已经无法充满热情地、个性化地不远千里去观察、寻找那些人了，因为我一直确认，是我自己发现了他们身上的那些特性。我认为旅行不会让我进一步获益了。我有两次差点儿死于热病，我还差点儿被淹死，几乎被土匪射杀。我乐于恢复一种更有秩序的生活方式。

1. 泰奥弗拉斯托斯（Theophrastus，约前372—前286）：前4世纪的古希腊哲学家和科学家，代表作《人物志》开创了西方“性格描写”的先河。

我每次旅行回来，都有一点不同。年轻时，我读了很多书，并不是因为我认为书会使我受益匪浅，而是因为好奇心和学习欲望的缘故；我之所以旅行是因为旅行使我愉悦，以及旅行时，我可以找到对我有用的材料。我从没想到，新的经验正在我身上发生作用，并且一直到很久以后，我才看到新的经验如何形成我的性格。我在与这些奇异的人接触时，失去了平滑的特性，这种特性是在我过着单调的文学家生活，成为口袋里一块石头时形成的。我重新露出我峥嵘的棱角，终于恢复了本来面目。我不再旅行，因为我感觉到旅行不会再给我什么东西了。我不可能再有新的发展了。文明的傲慢从我身上脱落了。我变成了完全接受的状态。我不向人要求他们不能给我的东西。我已经学会了容忍。我为人们的良善感到高兴，但并不为他们的恶行感到悲伤。因为我已经获得了精神的独立。我已经学会了走自己的路而不去管别人怎么想。我为自己要求自由，并且也准备好把自由给予别人。当人们对别人作恶时，你可以很容易地笑一笑或耸耸肩，但等到他们对你作恶时，你就很难如此反应了。我发现自己可以做到这样。我把我自己对人所下的结论，借我在中国海的木板船上遇到的一个人之口说出："兄弟，我要简单地把我对人性的看法告诉你，"我让他说道，"他们的心眼儿都是好的，但他们的大脑却完全起不了什么作用。"

· 56 ·

在把事情写到纸上之前，我常喜欢让它们在我心中酝酿很长一段时间。一直到我记下笔记后的四年，我才开始动笔写我在南海构想的第一个故事。我已经多年没写短篇故事了。最初我以写短篇小说开始我的文学生涯，而我的第三本书是一部包括六个短篇的小说集。这些小说写得并不好。在那以后，我会不时试着给杂志写故事，我的经纪人叮嘱我写得幽默一些，但我没能力那样做：严肃、愤怒，或者讽刺的性格，使我要满足编辑而赚一些钱的努力，很少得到成功。我所写的第一篇故事是《雨》。在一段时间看来，好像我在这篇故事上的运气，不如年轻时所写的那些好，因为一个又一个编者都拒绝了它，但我不介意，继续写下去。等到我写完六篇，并且全在杂志上发表过后，我就把它们集结成书出版。此书的成功令人愉快，也让人意外。我喜欢短篇故事的形式。跟幻想的人物生活了两三个礼拜后，就跟他们告别，这是很让我觉得愉快的事。写长篇小说时必须与其中的人物消磨几个月的时间，这样就容易对那些人物感到厌烦，但写短篇小说时，你就没时间感到厌烦了。这种故事，每篇约一万二千字，给了供我发展主题的广阔空间，但也迫使我要写得简洁，而身为剧作家的我，已具有了这类经验，这对我倒是轻松的事了。

在我开始严肃地写短篇小说时，英美的优秀作家正在接受契诃夫的影响，这对我是件不幸的事。文学的世界有点缺少平衡，当一种潮流出现时，文学世界就容易认为这并不是一种暂时的风尚，而是上天的至高原则。当时有一种观念广为传播：每个有艺术资质、每个要写短篇故事的人，都必须像契诃夫那样写作。一些作家把俄国式的忧郁、神秘主义、无力、绝望、空虚，以及意志薄弱，移植到萨里郡[1]或密歇根，布鲁克林或克拉珀姆[2]，为自己赢得了不小的名声。我们必须承认，契诃夫并不难模仿。因为曾深受其苦，我知道有很多俄国难民模仿得很好：我说深受其苦，是因为他们把写的故事寄来给我看，叫我改正他们的英文，当我不能从美国的杂志那里为他们争取到很多稿费后，他们就因此恼火了。契诃夫是一位很好的短篇故事作家，但他也有其局限，他很明智地把他有限的能力作为他艺术创作的基础。他并没有天分构思出一个紧凑的、戏剧性的故事，就像你能在餐桌上讲出来的那种故事，譬如《遗产》或《项链》[3]。就他本人来讲，他似乎有一种愉悦和实际的性格，但就一个作家而言，他有一种愁苦忧郁

1. 萨里（Surrey）：位于伦敦西南的一个郡，泰晤士河流经萨里后，向东北流向伦敦。

2. 克拉珀姆（Clapham）：伦敦南部兰贝斯区的一个地名。

3. 两篇均为莫泊桑的短篇名作。

的气质，使他厌恶且逃避激烈的行为和生机勃勃的景象。他的气质常令人感到痛苦。他纤细的感受力是以不得当的方式引发出来的，而他的气质就是这样一种人的愤怒反应。人生在他眼里很单调。他故事里的角色没有鲜明的个性，他似乎并没有把他们当成活生生的人那样对其产生兴趣。可能这就是为什么他能给你下列这种感觉的原因了：他笔下的人物都是彼此的一部分，都是奇怪地在暗中摸索着融入彼此的外质。同时他也给你生命的神秘及空虚之感，这种神秘和空虚之感显出了他独一无二的特性。此种特性是他的信徒们无法把握到的。

假如我尝试的话，不知道是否能以契诃夫的方式写故事。我不愿意这样做。我写的故事，要结构紧凑，追寻着一条不中断的线索，从开端到结束，持续地进行下去。我把短篇故事当作对单一事件（可能是物质上，也可能是精神上的）的叙述，我们可以把对于阐述事件并无绝对需要的一切都排除，而给予叙述本身一种戏剧性的统一。我对技术上所谓的“高潮”并无畏惧之情。我想，只有在“高潮”不合逻辑时，才应加以非难，而我认为，高潮之所以令人疑惑，是由于作家只为了制造效果，没有任何正当理由就随意加上高潮。简而言之，我喜欢以句号，而不喜欢以一连串的小点结束我的短篇小说。

我想，正是由于这一点，我的短篇小说在法国比在英国更受到欣赏。我们伟大的长篇小说都缺乏形式感，并且显得笨重。英国人高兴地沉溺于这些巨大、散乱、私密的作品里，而这种结构的松散，对于杂乱故事的随意编排，这种与主题没太多关系的古怪角色的出场和退场，给了英国小说一种特殊的现实感。但这一点却给了法国人一种严重的不适感。亨利 · 詹姆斯对英国人关于小说形式的教诲，引起了英国人的兴趣，但他们依然无动于衷。事实上，英国人不相信形式。他们发现形式里了无生气，形式的限制使他们厌倦，他们感觉到，当作者有意为其素材设定一个形式时，生命力就已经从他的指缝间溜走了。但法国的批评家要求，一个虚构的故事应该有开头、中间和结尾，还有能清晰地发展出合乎逻辑的结论的主题，并且故事应该告诉你和争论点紧密相关的一切事情。早年对莫泊桑的熟悉，身为剧作家所接受的训练，可能还有个人的特性，也许因此让我掌握了法国人喜爱的形式感。无论如何，他们发觉我既不伤感也不唠叨。

· 57 ·

生活很少给作家们提供现成的故事。实际上，事实本身常常令人很厌倦。它们会给予能刺激想象的暗示，然后又容易变成对创作产生致命害处的权威。这种情形的经典例子可以在《红与黑》里找到。这是一部很伟大的小说，但大家公认其结尾令人不满意，原因不难找到。司汤达从当时造成很大轰动的事件里酝酿了故事：一个年轻的神学人员杀死了他的情妇，然后受到审判，上了断头台。但司汤达在他的主角于连 · 索雷尔身上，不仅倾注了他大部分的自我，还有更多他希望自己成为，但可悲地意识到自己无法成为的人物的成分。他创造了小说史上最有趣的人物之一，并用了整整四分之三的篇幅，来使这个人物的行为变得连贯可信，然后在最后四分之一里，他被迫回到激发他灵感的现实事件上来。他只能让他的主角不按照其性格及智力来产生行为，以达到与现实结果相符的目的。这样产生的偏差，带来的震撼太强烈了，使你不再信以为真，而当你不相信一部小说时，你也不会再被它吸引了。这个例子的教训是：假如事实不能与你的角色逻辑符合时，你必须有勇气把它丢到一边去。我不知道司汤达本来可以怎样结束他的小说，但我认为，要找出一个比他所选择的更令人不满意的结局倒是一件难事。

我因为从活着的人群中去描绘我的角色而受到非难，而人们可能从我所读过的批评中猜想到，以前没人这么做过。这是胡说。从活着的人中去描绘角色是世界性的习俗。从开始有文学时，作家就拥有让他们从事创造的原型。我相信，学者认出了彼特罗纽斯[1]用来给特里马乔作为原型的人物——一个富有的老饕，而莎士比亚的研究者也为莎翁的“公正肤浅”先生（Mr. Justice Shallow）找到了一个原型。善良而公正的司各特在一本书里描绘了一幅他父亲的尖刻肖像，而当岁月流逝，父亲的严酷性格变温和后，他又在另一本书里描绘了一幅父亲比较令人愉快的肖像。司汤达在他的一份手稿里，写下了酝酿他角色的人物的名字：我们都知道，狄更斯在米考伯先生[2]身上投射了他父亲的影子，在哈罗德 · 斯金波尔身上投射了利 · 亨特[3]的影子。屠格涅夫曾经说过，除非他能把他的想象力固定在一个活生生的人物上，不然他就不能创造出一个角色来。我怀疑否认使用真实人物当原型的那些作家，是在自欺（自欺并不是不可能，因为你不用很聪明，

1. 盖厄斯 · 佩罗尼乌斯 · 彼特罗纽斯（Gaius Petronius Arbiter）：古罗马诗人、作家，主要作品有《萨蒂里卡》，特里马乔（Trimalchio）是其小说中的人物。

2. 米考伯先生（Mr.Micawber）：狄更斯代表作《大卫 · 科波菲尔》中的人物。

3. 利 · 亨特（Leigh Hunt，1784—1859）：英国记者、散文作家、诗人、政论家。

也可以成为一个好的小说家）或在欺人。当他们实话实说，自己心里并没有特定的真实人物原型时，我们迟早会发现，他们角色的产生要归功于他们的记忆，而不是归功于创造的本能。我们多少次碰到穿着不同衣服，用着不同名字的达达尼亚[1]、普劳迪太太、阿奇迪肯·格兰特利[2]、简·爱和热罗姆·夸尼亚尔[3]。我应该说，从实际人物的原型中去提炼角色不仅是普遍的，并且也是必需的。我不知道为什么有作家要耻于承认这件事。就像屠格涅夫所说的，你能否使自己创作的角色有活力和特性，那要看你心里有没有一个确定的人物。

我坚持认为这是一种创造。我们甚至对很亲密的人也了解得不多，我们对他们知道得不够，不能在把他们转移到一本书里后，仍然使他们栩栩如生。人们太不易捉摸，太模糊，无法被复制，而且他们太不连贯，同时又自相矛盾。作家并不复制他们的原型，他们自原型中获取他们需要的成分，获取吸引他们注意力的某些特征，点燃他们想象力的心念之一转，如此构建出他们的角色。他们并不关心角色是不是一种真实的映象，他们只想创造出一种有助于其目的达到的和谐。成品跟原型比可能会显得很不同，所以作家一定会有一种普遍的经验：当他心里有一个大为不

1. 达达尼亚：法国作家大仲马代表作《三个火枪手》里的人物。

2. 普劳迪太太和阿奇迪肯·格兰特利：两人都是英国作家安东尼·特罗洛普《巴塞特郡纪事》中的人物。

3. 热罗姆·夸尼亚尔（Jérôme Coignard）：法国作家法朗士小说中的人物。

同的人物形象时，却被认为描画的是某个特定的栩栩如生的形象。进一步说，作者是否选择了与他有亲密关系的人来作为模型，只是出于偶然。在一间茶馆里对某人的一瞥，或者在船上的吸烟室里跟某人闲谈一刻钟，这对作家而言往往就足够了。他所需要的就是一点点肥沃的土层，他能凭着自己对生活的体验，对人性的认识以及他天生的直觉，来进行建造。

假如被用作角色模型的人不那么敏感，整个事情就会顺利地进展了。人类的自我主义大得惊人，所以跟作者有过一面之缘的人，也会在作品里不断地注意着自己的肖像，而假如他们让自己相信，这个角色或那个角色是从他们身上提取出来的，并且角色又描绘得不够完美时，他们就会极大地感觉自己被冒犯了。虽然他们会随意地寻找他们朋友的缺点，并嘲笑其荒谬之处，但他们的虚荣心那么强，以至于无法承认自己也有错误和荒谬之处。对他们来说，朋友那些带着恶意的愤慨，对他们遭受的暴行所报以的虚伪同情，让事情变得更糟了。当然，其中也有很多是一派胡言。有些女人我没跟她们相处过，既不认识，也没听说过她们，但她们却宣称我跟她们相处过，并且说我在书里写到她们，是滥用了她们的殷勤好意。我想我并不是唯一被这种女人中伤过的作家。这些可怜的娼妇是那样爱虚荣，她们的生活又是那样空虚，所以她们故意把自己认作书里某个讨厌的人物，为了能在某个小圈子里给自己争得一点可怜的名声。

有时，作者会选取一个很平凡的人，从他身上创造出一个高贵、自制和勇敢的角色。他在这人身上看到了一种意义（跟他生活在一起的人却没有发现），然后，原型就非常奇怪地没有被读者认出来。只有在你表现一个人的缺点或者荒谬愚蠢时，他才会马上被认出来。我不得不由此得出一个结论：我们是通过缺点，而非优点来认识朋友的。作家很少想得罪旁人，他尽其所能去保护他的原型。他把他虚构的人物放置在不同的地方，给他们另外的生活方式，可能还会让他们置身于不同的阶层。但他无法轻易做到的是改变他们的外表。一个人的身体特质影响着他的性格，反之，他的性格，至少大体上，显示在他的外表上。你无法使一个高个儿变成矮个儿，而在其他方面使他保持不变。一个人的身高，在其环境中提供了一种不同的视野，因此也改变了他的性格。你也不能把一个娇小玲珑的黑发女郎变成一个高大丰满的金发女郎而不露破绽。你必须尽可能保持他们本来的面目，否则的话，你就会失去从他们身上描绘角色的动机。但没人有权从书里拿出一个角色说：这个角色写的是我。他所能说的是："我为这个角色的产生提供了灵感。"假如这个人有常识的话，他只会感觉有趣，而不会生气。作者的创造力和直觉，可能把有关这人自己的事情提示给他，这对他来说是有益的。

· 58 ·

我对我的文学地位不存妄想。在我自己的国家里，只有两个重要批评家曾经对我的作品采取过认真的态度，而聪明的年轻人在写关于当代小说的论文时，从没想到把我考虑在内。我并不介意。这是很自然的事。我从来就不是一个宣传家。大众读者的数量在近三十年来增加了很多，而有一大群无知的人，他们需要的是不费什么劲儿就能得到的知识。他们认为，读小说时，如果其中的角色发表了对时下热门话题的看法，那么就能从中学到一些东西。小说里出现的少数性爱情节，使他们接受到的知识显得更美味可口。小说被认为是便利的布道坛，许多小说家也很愿意把自己看作思想的领导者。他们所写的东西是新闻文学而非小说，只具有新闻价值。其短处在于，过不了多长时间，这些作品就像上周的报纸那样不值一读了。但这类数量巨大的新读者群对知识的需求，刺激了许多书籍的出版。在这些书籍里，作者用非专门性的语言讨论大家感兴趣的主题：科学、教育、社会福利以及其他什么东西。这些书取得了很大的成功，并且击垮了宣传布道类小说。但显然地，在其风潮持续期间，这些书似乎比性格或冒险类小说更有意义，并且提供了更好的叙事主题。聪明的批评家和更严肃的小说读者，自那时起就开始更多关注在写作技巧上有所创新的作家，这是很可以理解的，因为他们展现出来的新奇，给陈腐的材料注入了一种新鲜的气象，并且新奇本身也可以引发许多讨论。

大家非常关注这些事，这似乎很奇怪。亨利·詹姆斯设想出一种方法，并且将它发展到完美的地步：通过故事里某个角色的感受来讲述故事。这种巧妙的创作手法，为他的小说营造了一种戏剧效果，一种逼真性。这要归功于法国自然主义对作者的影响。这种方法，可以帮助那些采取“上帝视角”叙述的小说家解决某些困难。在这种视角里，观察者所不知道的事情，可以顺势保持神秘状态。无论如何，这不过是一种“自传体”写作方式的轻微变化，自传体写作也有很多上述相同的地方，而把这种方法当作一种伟大的美学发现那样去谈论，未免有点荒谬。在其他实验中，最重要的是对思维流的使用。作家常常被有情感价值和易于了解的哲学家所吸引。他们轮番为叔本华、尼采和柏格森着迷。心理分析学捕捉住了作家的喜好，这是不可避免的。心理分析对小说家意味着很大的可能性。小说家知道他最好的作品，要大大归功于他的潜意识，而借着虚构人物潜意识里的想象图景，去深入探索人物的性格，是件诱人的事。心理分析是一种巧妙而娱人的把戏，但也仅此而已。作家不把心理分析当作是为了一个特殊目的（不管是讽刺的、戏剧的或者说明性的）而偶然使用的方法，却把它当作他们作品的基础，结果使其变得沉闷无味。我推测，这种技巧以及相同的方法里有用的成分，将为小说的一般技巧所吸取，但介绍它们的那些作品也将很快失掉趣味。一部分人为这些奇异的实验所吸引，而他们却不知道，在使用这些实验的那些书里所探讨的问题，是绝对微不足道的。情形看上去似乎是，那些书的作者，因为自己内心的空虚不安所迫，才会使用这些手法。他们尽可能以技巧去描写的那些人物，在本质上都是无趣的，而争论的话题也是不重要的。这是可想而知的。因为艺术家只有在主题对他而言没有切实的趣味时，才会沉迷于技巧。而当他沉浸于自己的主题时，是没有很多时间去想到如何表现技巧的。所以在 17 世纪时，作家因文艺复兴而心力交瘁，因国王的专制和教会的支配而不能专心于人生的伟大问题时，他们的心思就转向讲究外表的浮华虚伪和诸如此类的玩意儿。也许，最近几年来，人们对艺术上每种技巧实验形式产生的兴趣，正表明我们的文明正在崩溃。在 19 世纪似乎是重要的主题，已经失去了它原有的趣味。新的一代，不久将创造新的文明取代我们旧有的文明，而艺术家们还没看出，将要影响这新一代人的伟大主题是什么。

· 59 ·

我认为，文学界不看重我的作品，这是很自然的事。在戏剧里，我发现自己置身于传统模式中，并感到安适自在。作为小说家时，我却要穿过无数年代，回到居住在新石器时代的洞穴里，回到围在篝火旁讲故事的人身上。我有故事要讲，也有兴趣讲。对我个人而言，故事本身就是充分的主题。有一段时间，故事被知识分子所蔑视，这对我是一种不幸。我读过很多关于小说艺术的书，这些书都很看低情节的价值（顺便一提的是，我无法理解一些聪明的理论家在故事和情节之间所做的明显区分。情节只是故事组合的模式）。你会从这些书里得出这样的判断：情节是对聪明作家的一种阻碍，是作家向读者大众的愚蠢要求所做的一种让步。当然，有时你可能会认为，最好的小说家是散文家，而唯有查尔斯 · 兰姆和赫兹里特所写的短篇故事才是完美的短篇故事。

但聆听故事的喜悦，正如同观看作为戏剧前身的舞蹈和滑稽戏的喜悦一样，同是人性的自然流露。聆听故事的喜悦完好地存于人性之中，这也可以从侦探小说的流行中看出来。最聪明的人读侦探小说——当然，是屈尊去读——但他们为什么读侦探小说，还不是因为他们内心认可的心理类、教育类和心理分析类小说，无法满足他们这方面的特殊需求？有很多聪明作家，脑子里有各种美好的事物要呈现出来，也有创造活生生人物的天分，却在创造出他们后，不知道究竟要拿他们怎么办。他们无法构想出一个可信的故事。像所有作家一样（所有作家身上都有某种程度的欺诈不实），他们把自己的能力所限当作优点自夸，他们告诉读者说，读者可以自己想象发生了什么事，或者因为读者想要知道详情而把他们申斥一番。他们宣称，在生活中，故事并不会完结，事情并不圆满，而松弛的结尾也悬而未决。这并不总是事实，因为至少死亡会结束我们所有的故事。但纵然这是真的，这也不是一个好的理由。

因为小说家宣称要成为艺术家，而艺术家并不复制生活，他对生活加以安排，以配合他自己的目的。就像画家以他的画笔去思考一样，小说家以故事去思考。他的人生观（虽然他可能没意识到）、他的个性，都作为一系列人类行为而存在着。回顾过去的艺术时，你一定会注意到，艺术家很少赋予现实主义伟大的价值。大体上讲，他们把自然当成一种形式上的装饰，只有在被想象力带离得很远，觉得有回归的必要时，他们才会偶尔直接模仿自然。在绘画和雕塑里，人们可能会说，非常接近于现实，就等于宣告一个学派的衰亡。在菲狄亚斯[1]的雕塑中，你已经可以看出

1. 菲狄亚斯（Phidias，约前490—前430）：古希腊著名雕塑家、建筑设计师，擅长神像雕塑。

《贝尔维德尔的阿波罗》的单调乏味，而在拉斐尔为神迹所创作的画里，你也能看到布格罗[1]的了无生气。这样说来，只有强加给自然一种新的制约，艺术才能获得相应的活力。

但这只是顺便一提而已。

读者有一种自然的欲望，想知道那些引发他们兴趣的人物怎么样了，而情节是你满足他们这种欲望的方法。虚构一个好的故事，显然是困难的事，但这种困难却不是蔑视故事的一个堂皇理由。好的故事应该为了主题的需要，具备一定的连贯性和充分的可信度。故事应该自然地表现人物性格的发展，这是考量现今小说的一个重点。另外，故事应该有完整性，使它呈现在读者面前时，读者对里面的人物不会有疑问。故事应该像亚里士多德的悲剧一样，有开始、中间及结尾。很多人似乎没有注意到情节的主要用途。情节是一条指导读者兴趣的线索。指导读者的兴趣可能是小说中最重要的事，因为借着指导兴趣，作者才能带着读者翻过一页又一页，并且借着指导兴趣，他才能在读者心中勾起他所期待的情绪。作者常常在掷骰子时在里面灌了铅，但是他不应让读者觉察到这一点。他借着操纵情节来吸引读者的注意力，这样就不会使读者感知到他所施加的影响。我不是在专门写有关小说的论文，所以我不必列述小说家用来达到这一目的的各种方法。但这种兴趣的引导会达到怎样有效的结果，以及忽视这样的兴趣

1. 威廉 - 阿道夫 · 布格罗（William-Adolphe Bouguereau，1825—1905）：法国学院派艺术家。

引导会带来怎样负面的结果，大可以在《理智与情感》和《情感教育》这两本书里看出来。简 · 奥斯汀稳步引领读者沿着简单的故事线索往前走，却没有停下来想想，艾利诺是一个过于一本正经的人，而玛丽安娜是个傻瓜，那三个男人则是死气沉沉的傀儡。福楼拜朝着严格的客观努力，很少去引导读者的兴趣，所以他对各类角色的命运全然漠不关心。这使得他的小说难以阅读。我想不出还有哪个作家像福楼拜一样，有很多优点，却给人留下模糊的印象。

· 60 ·

我二十多岁时，批评家说我鲁莽，三十多岁时，他们说我轻浮，四十多岁时，他们说我玩世不恭，五十多岁时，他们说我能干，而现在我正迈向七十岁，他们说我肤浅。我走着自己的路，随着自己为自己设定的行程，试着以自己的作品去充实我寻求的模式。我想，不读评论的作家是不明智的。把自己训练成对责难的反应比对赞美的反应更无动于衷，是有益的事。因为，一个人被视为天才时耸耸肩，当然是件容易的事，但如果被当作笨蛋看待时，也能不当回事，那就不容易了。批评的历史表明，当代批评容易出错。作者对批评应该重视或忽视到怎样的程度，这是一件值得把握好分寸感的事。大家的意见五花八门，作者对他自己的优点也就很难得出结论。在英国，有一种轻视小说的自然倾向。一个不重要的政客的自传，一位与皇室有染的女人的生活史，都会得到严肃地批评讨论。然而，六七部小说却会被放在一起，给一个书评人来评论，而这位评书者关心的，常常是怎样通过评论这些小说来博人一乐。事实是，英国人对提供信息的作品，比对艺术作品更感兴趣。这使得小说家们难以从有关他们作品的批评中，获得对自己发展有用的东西。

这个世纪还没出现一位像圣伯夫[1]、马修·阿诺德，甚至像布吕内蒂埃[2]的批评家，这是英国文学界的大不幸。但是他们三个批评家是不会很专心于当代文学的，他们的批评对当代作家并没有直接的帮助。我们知道，圣伯夫对当代作家渴求的成功形式太过艳羡，而自己却从没达到这种境地，所以他不能公平地对待他同时代的作家。而阿诺德在研究同时代的法国作家时，其鉴赏力常有失误，因此，我们没理由认为，他研究英国作家时会更高明。布吕内蒂埃毫不宽容，他以严肃而固执的规则衡量作家，对于他不认可的作家，他不太可能看出其优点。他性格上所具有的力量，给了他天分所不能有的一种影响。但尽管如此，作家还是会从严肃地关心文学的批评家那里得到益处。纵然作家们痛恨批评家，但可能被敌对情绪所刺激，从而更清楚地确定他们的目标。批评家能在作家身上激起一种兴奋之情，使他们投入更自觉地努力，而批评家的存在，也促使他们以更强烈的严肃态度去看待自己的艺术。

柏拉图在一篇对话里，似乎试图指出批评的不可能，但事实上，他只是指出了苏格拉底的方法，有时可能导致什么样的过分

---

1. 查尔斯·奥古斯丁·圣伯夫（Charles Augustin Sainte-Beuve，1804—1869）：法国文学评论家、作家，将传记研究引入文学批评，主张通过了解作者的性格及其成长环境来理解其作品。

2. 费迪南·布吕内蒂埃（Ferdinand Brunetière，1849—1906）：法国评论家、历史学家。

情形。有一种批评显然是没价值的，那就是批评家的行为，是为了补偿他早期所遭受的屈辱性批评。批评给了他一种重获自尊的方式。因为在学校里，他不能适应那狭小世界的标准，因此，他被人拳打脚踢，等到他长大了，就轮到他来拳打脚踢，以抚慰他内心的创伤。他的兴趣在于对正在思考中的作品的反应，不在于作品给他的反应。

以前很少像现在一样需要权威的批评家，现在的艺术正处于乱七八糟的状态。我们看到作曲家在讲故事，画家在说哲学，小说家在传道。我们看到诗人对诗句的韵律失去了兴致，而试着把散文的韵律强加到诗句里去，而散文作家也试着把诗的韵律强加在散文上。我们亟须一种人，出来再次限定几种艺术的特殊性质，并且为那些迷途者指出：他们的实验只能导致自我迷乱。假如我们以为能够找到一种人，对所有艺术都能以同等的标准发表意见，那么这是一种奢望，但需求会产生供应，我们仍然希望有一天会有一个批评家出现，高坐在圣伯夫和阿诺德曾经占据过的王位上。他可以大有作为。我最近读了两三本书，在这两三本书里，作者提出一个要求：要形成一种确切的批评科学。这些书没能使我相信这样的事可能实现。批评在我心目中，是一种个人的事，但假如批评家有伟大的人格，那也没什么令人反对的地方。但假如他认为自己是有创造性的话，那对他是危险的事。他的本分是引导、评价，以及指出创造的新途径，但假如他认为自己具有创造性的话，他会更专心于人类活动中最惊心动魄的创造，而不专心于适合他能力的职务。写过剧本、小说，或者诗歌，对他来说也不无裨益，因为只有这样，他才能获得文学的技巧，但除非他认识到，创造并不是他的分内之事，不然他就不能成为一个伟大的批评家。当代批评之所以显得如此无用，原因之一是批评被创造性作家当作一种副业。只有他们把自己做的事情看成是最值得做的，这才会自然。

伟大的批评家应该有如同他广博的知识那样宽广的同情心。这同情心不是建立在一般的漠视（这种漠视让人们容忍其毫不关心的事物）之上，而是建立在对多样性的一种积极喜爱之上。他必须既是心理学家又是生理学家，因为他得知道，文学的基本元素如何跟人的灵与肉发生关系。他必须是个哲学家，因为从哲学里，他会学到沉静、客观，以及人世无常。他不能只熟悉本国文学。他要在遵守过去文学的标准下，勤勉学习别国的当代文学，以便清楚地看到文学在进化过程中所趋向的方位。如此，他就能够有利地指导本国的文学方向。他必须在传统里找到支撑点，因为传统里有一个国家文学不可避免的本质特性，但他必须尽可能去鼓舞传统向着自然的方向发展。传统是向导，而非狱卒。他必须有耐心，有坚定的意志和热心。他所读的每本书，必须是一种新鲜刺激的冒险，他凭借其知识的广博和人格的力量，来评判他所读的书。事实上，伟大的批评家必须是一个伟大的人。他必须足够伟大，能以愉快和理解的心情认识到这样的事实：他的作品固然重要，但只具备暂时的价值，因为他的功劳在于满足他自己这代人的需求，为他们指明出路。随着新一代的兴起，又有了其他的需求，一条新路伸展在面前，于是他再没有什么可说的了，他和他的所有作品都会被丢进垃圾堆里。

假如他认为文学是人类生活中最重要的目标之一，那么把生命消耗在这样的目的中，对他来说才算值得。

· 61 ·

这就是作家所常常主张的，而在这之上他又附加了另一个主张：他强调自己并不像其他人，因此他不能服从其他人的规则。其他人则对他的主张回以谗谤、嘲弄和蔑视。因为自己这种特性，他在不同环境里要以不同的方式来应对。有时，他以任性的奇行夸示自己与他称为“庸众”之间的不同。而为了蔑视不懂文学艺术的人，他夸示泰奥菲勒 · 戈蒂埃[1]的红背心，或者，像热拉尔 · 德 · 奈瓦尔一样，牵着一只系有粉红色丝带的龙虾招摇过市[2]。有时，他带着嘲弄的乐趣，假装跟别人一样，并且在内心把诗人勃朗宁[3]装点成阔绰的银行家模样。我们大家都可能是

1. 泰奥菲勒 · 戈蒂埃（Théophile Gautier，1811—1872）：法国浪漫主义诗人、剧作家、小说家、评论家，以衣着打扮出格而引人注目。

2. 热拉尔 · 德 · 奈瓦尔（Gérard de Nerval，1808—1855）：法国诗人、散文家，曾因为什么动物可以养为宠物的讨论与大众决裂，并养了一只龙虾，牵着它在公园散步。

3. 罗伯特 · 勃朗宁（Robert Browning，1812—1889）：英国维多利亚时期诗人、剧作家。

一群自我矛盾的集合体，而作家、艺术家对此却有着深刻的自觉。就其他人而言，他们所过的生活，使得他们的某一方面特别突出，因此除非在潜意识深处，否则这种单方面的自我会被视为他们的整体。而画家、作家、圣徒，常常想在他们自身里寻找新的一面，他们厌倦于自我重复，因此会想方设法避免成为单一的人，尽管他们可能并没有意识到自己是在这样做。他们绝不会有机会成为一个始终如一、前后一贯的生物体。

其他人常因发现艺术家的生活和其作品之间的矛盾而感到愤怒。他们不能同时接受贝多芬的理想主义与他精神上的卑微，无法接受瓦格纳来自天堂般的狂喜与他的自私、不诚实，无法接受塞万提斯的道德偏邪与他的温柔、宽和。有时，他们会在愤怒之中试图劝说自己：这些人的作品不应该拥有他们自以为有的价值。当他们得知，伟大而纯洁的诗人身后竟留下大量淫诗时，他们大为震惊。他们有一种不安的感觉，觉得这些全都是虚伪的把戏。“这些人是多么可恶的骗子啊！”他们说。但作家的特征是，他并不只是一个人，而是很多人。因为他是很多人的化身，所以他能创造出很多人。要衡量一个作家的伟大，就要看他所包含的“自我”的数目了。他创造出的角色之所以难以让人信服，是因为在他自身之内，并不存在那样的角色，他必须借助于观察，所以只能加以描写，而无法去创造。作家不去同情，只是去感受。他有的不是同情，同情常会造成伤感，他有的是心理学家所谓“移情”的能力。莎士比亚因为有了不起的移情能力，所以他也是最生动、最不伤感的作家。我想歌德是第一个意识到这种多重人格的作家，而这种多重人格困扰了他的一生。他常常拿身为作家的自己与身为普通人的自己比较，无法协调其中的不一致。但艺术家的目的和其他人的目的是不同的，因为艺术家的目的是创作，而其他人的目的是正确地行动。所以艺术家对生活的态度在某方面与众不同。心理学家告诉我们说，对常人而言，一个意象不如一种感觉来得生动。意象是一种用以供给有关感觉的事物的薄弱经验，在这感觉的世界里，意象是行动的向导。普通人的白日梦满足了感情的需要，满足了在世俗世界里受挫的欲望。但白日梦是真实生活的阴影，他在内心深处知道，对感觉世界的需要有另一种正当性。对作家来讲，情形并不如此。意象（也就是充塞他心灵的自由思想）并不是向导，而是产生行动的材料。意象拥有感觉的生动性。作家的白日梦对他很有意义，所以感觉世界就变成了阴影，他必须借着意志的努力去捕捉感觉的世界。他在西班牙的城堡并非没有根基的建筑，而是他生活于其中的城堡。

艺术家的自我主义是惊世骇俗的，他必须如此，艺术家天生是唯我论者，世界的存在只是为了让他在其中运用其创造力。他只会以部分自我去参与生活，从不投入他的全部身心去感受人之常情，因为不管这种需求多么迫切，他除了是个观察者之外还是个演出者。这使得他看起来显得无情。女人以她们敏锐的感觉防备他，她们为他所吸引，却本能地感觉到她们无法完全支配他（这是她们的欲望），因为她们知道，无论如何他都会从她们手中逃掉的。歌德，这伟大的情圣，不是亲身告诉我们，他怎样在爱人臂膀的怀抱中写诗，以歌唱的手指在她美丽的后背上轻击出六韵步诗的节拍？跟艺术家在一起生活，是有害无益的。他在创作时情感相当诚挚，然而他的内心还住着另一个人，对这种情感的流露嗤之以鼻。他并不可靠。

但诸神们在给予天分时，总不忘记为其加上缺点，而使作家像诸神们一样，能够创造出人物多样性的天分，却使他们在创作中不能达到完美的真实。现实主义是相对的。最现实的作家，也可能会由着自己的兴趣，歪曲他创造的人物。他以自己的视角去看自己的人物。他使他们变得比现实中更自觉、更自省、更复杂。他把自己投射到他们之中，试图把他们造成普通人，但他从没有完美地成功过。因为赋予他天分，使他成为作家的那种特殊性，使他无法确切知道什么是普通人。他得到的不是真理，只是自身个性的换位呈现。而他的天分越高，个性越强，他所描绘的人生图画也就越不切实际。有时我想，假如后世想要知道今日的世界是什么样子的话，他们不会去读具有能打动我们同代人特质的那些作家，而会去找平凡的作家，因为平凡的作者才能以更大的真实性去描写周遭环境。即便这些平凡的作家可能会得到后世的欣赏，我也不打算提他们的名字，毕竟没有哪个作家愿意被贴上“平凡”的标签。但我想，大家都会承认，从安东尼 · 特罗洛普的小说里得到的生活图景印象，比查尔斯 · 狄更斯小说里的更真实。

· 62 ·

有时，作家必须问问自己，他所写的是否对自己以外的人有价值，而这个问题现在似乎比以前更显急迫。因为，至少在我们这些身处其中的人看来，这个世界似乎比以前更处于一种不安和悲惨的状态中。对我来讲，这问题有一种特别的意义，因为我从不希望只当一个作家而已，我希望过完整的生活。我不安地意识到，我有责任在公共福利事业方面扮演某个角色，不管这角色多么微小。我本能的倾向是远离各种公共活动，我曾很不情愿地在一些委员会（为实现某种暂时利益而成立）服务过。我想到自己用一生的时间也不足以学好写作，所以不愿意把时间花在其他活动上，我亟须用这些时间来达到我心中的目标。我从不能够说服自己去相信，有其他什么事情是至关重要的。尽管如此，当几百万几千万的人生活在饥饿的边缘，当地球上的人居住的大部分地方，自由已濒于灭亡或已经灭亡，当可怕的战争持续数年，大量人类无法把握到幸福，当人们因为不能在生活里看到价值而心神错乱，好几个世纪以来使他们能够忍受生活悲惨的那种希望似乎成为幻影，此时，这些事情就不再是无关紧要的了。一个人很难不问问自己，写剧本、故事和小说，是否绝非了无益处的事？我所能想到的唯一答案是，我们中有些人生来就被造成了别无他事可做的命运。我们不是因为想要写而写，我们是因为必须写而写。在世界上，可能还有其他事更急迫地等着人去做，而我们必须在创作中解除自己灵魂的负担。虽然罗马在大火中，我们也必须前进。其他人可能因为我们没有伸手去提一桶水而蔑视我们，但我们没办法，我们不知道怎么搬运水桶。此外，大火使我们惊心动魄，并使我们心中燃起千言万语。

然而，作家有时会从事政治。政治对作家而言是有损害的。我没有注意到，作家的意见对事务的处理有很大的影响。我所能想到的唯一例外是迪斯雷利[1]，但就他的情形而言，说写作本身并非他的目的，而是一种政治上进阶的工具，这不算偏颇。我们今天生活在一个专业化的时代，我的想法是，总的来说，每个人都应该尽力做好自己分内的工作。

因为我曾听说，德莱顿曾经研究蒂洛森[2]来学习如何用英文写作，所以我就去读了这个作者的几段文章，并且读到了一段在这方面使我感到欣慰的话，是这样写的：

“那些适合当政府官员的人，在被征召时，愿意担当起重负，我们应该为此感到高兴，甚至还要感激他们愿意费一番苦心和耐

1. 本杰明·迪斯雷利（Benjamin Disraeli，1804—1881）：英国保守党领袖、三届内阁财政大臣、两度出任英国首相，同时也是小说家。

2. 约翰·蒂洛森（John Tillotson，1630—1694）：坎特伯雷大主教，以布道语言简洁明晰闻名。

心在管理上，并且愿意抛头露面地生活。因此，有些人为此而生，为此而长，遵守习俗对他们来说并不费事，或者至少可以忍受，这对世界而言是一件美事……人类因一种更虔诚、更幽静和更令人沉思的生活而能得到的益处是：他们不会被很多事分心，他们的思想和感情都放在一件事上，他们感情的溪流和力量全都涌向一个方向。他们全部的思想和努力都集结在一个伟大的目的和计划上，这使他们的生活浑然一体，并且与自己自始至终保持一致。”

· 63 ·

我开始写这本书时，就告诫过读者，也许我唯一能确定的事，就是我对任何事都无法确定。我试着整理我对各种不同主题的想法，并不要求别人同意我的意见。我在修订自己写过的东西时，会在很多地方做删减，因为这些词句虽然是从我的笔尖下自然流泻出来的，但我觉得它们显得乏味冗长，也正是因为它们，我的每一处论述才会更加确凿。既然我已经来到了这本书的最后部分，我就不得不比以前更急切地重申这句话：我所写的，都是一己私见。这些可能会显得肤浅，其中有些可能还是矛盾的。建立在各种偶然的经验基础之上，并且带有特殊个性色彩的思想、感觉和欲望，由此而产生的种种推论，不会有欧几里得数学定理那样的逻辑准确性。我的戏剧和小说，写的都是我从实际中得到的认知，但现在我是在处理哲学家才会处理的材料，比起那些过了多年忙碌且多变生活的人，我没有他们那么多专业知识。生活也是哲学的一派，但生活就像一个现代幼儿园，在这个幼儿园里，孩子们自己爱怎么样就怎么样，他们仅仅注意引起他们兴趣的那些科目。他们的注意力倾向于对他们有意义的那些东西，不去注意没有立刻引起他们兴趣的那些事物。在心理学实验室里，老鼠被训练穿过一个迷宫，寻找它们自己的路，而很快地，借着不断尝试摸索，它们知道了引领它们找到所追寻的食物的那条路径。在我现在专心的事务里，我就像一只老鼠，沿着复杂的迷宫匆忙地跑着，但我不知道，在我要找的地方是否有一个中心，能让我找到自己想要的。也许，所有的路都是死路。

我被库诺 · 费舍尔[1]引进哲学的园地。在海德堡时，我曾经听过他的演讲。他在那儿极有名声，那年冬天，他正在讲叔本华的哲学。讲堂里挤满了人，你如果想要占到一个好位置的话，必须很早就去排队。他是一个精悍、短小而健壮的人，衣饰整齐，头呈圆形，白发梳得井然有序，红光满面。鼻子扁平得有点可笑，看起来好像被什么东西打过一样，而你很可能把他当成老职业拳手，而不是哲学家。他是个幽默家，他写过一本有关机智的书，这本书我当时也读过，但已经完全忘记内容了。他开玩笑时，学生观众中时常爆发出一阵大笑。他的声音强而有力，是一位生动、使人感动而令人兴奋的演讲家。我那时太年轻、太无知，叔本华说的很多话我都无法理解，但是他奇异而古怪的性格，给我留下了深刻的印象，他理论系统里的戏剧价值和浪漫特质，给我一种迷乱的感觉。经过这么多年以后，我还不敢贸然陈述什么意见，但是我想，库诺 · 费舍尔是把叔本华的哲学体系当作一件艺术作品，而不是对形而上学的严肃贡献。

---

1. 库诺 · 费舍尔（Kuno Fischer，1824—1907）：德国著名哲学史家。

从那以后，我就读了很多哲学书。我发觉哲学是很好的读物。实在说来，对把读书当作一种需要和快乐的人而言，哲学是供应他们阅读的材料中最富于变化、最丰富，且最令人满足的。古希腊令人兴奋，但从这个观点看来，其中并没有足够的东西，总有一天你会读完它仅有的一点文学遗产，以及与之有关的所有重要论述。意大利的文艺复兴也令人沉迷，但其主题相对而言还是狭小，传递的思想也很少，你对长久以来就枯竭了创造性价值的艺术感到厌倦，结果只剩下优美、迷人和对称（这些特质你已经见得足够多了），而你对被归纳入同一种形式的那些人，也感到厌倦。你可以永远继续读意大利文艺复兴的作品，但在材料被读完之前，你一定会失去兴趣。法国大革命是可能吸引注意力的另一个题材，这个题材有个长处，那就是，其意义是实际的。在时间上，这个题材更接近我们，所以只要在想象力上费一番小功夫，我们自己就能与那些引发大革命的人生活在一起。他们几乎与我们是同时代人。他们的所为所思影响了我们今日所过的生活，多多少少我们都是法国大革命的后代。大革命的材料丰富，有关它的文件多得不可胜数，而最新的说法还没有人谈到呢！你可以经常找到新鲜而有趣的材料读。但这并不能令你满足。大革命直接产生的艺术与文学可以加以忽视不管，所以你就被迫去研究造成革命的那些人物，而你越读到有关他们的作品，你就越因他们的卑微和粗俗而悲伤。历史上最伟大的戏剧演员，扮演起来竟显得那样可怜，那样不适当、不完美。你最后微抱憾恨，掉头而走，不再去理会这个题材了。

但形而上学从不使你失望。你从不会走到形而上学的尽头。

形而上学就像人的灵魂那样多姿多彩，形而上学有其伟大之处，因为它探讨的是知识的总和。它探究宇宙、上帝以及不朽，它探究人类理智的特性以及生命的宗旨及目的，它探究人的力量和这种力量的局限。而一旦它不能回答人类在这个黑暗而神秘的世界旅程中，遭遇和缠绕的问题，它还会说服他们去高兴地保持他们的无知。它教人以忍从，诲人以勇气。它诉诸想象，同时也诉诸智力，而我想，它供给业余者的冥想材料比供给哲学专门人士的还要多，冥想是人们打发闲散时间时最甜美的乐趣。

我自从受了库诺·费舍尔演讲的启发而开始读叔本华的哲学后，就把伟大的古典哲学家最重要的作品都好好读过了。虽然其中有很多地方我不了解，并且可能我了解的没有我想的那么多，但我却是以很大的兴趣去读的。唯一总让我厌倦的是黑格尔。无疑地，这是我自己的错，因为他对19世纪哲学思想的影响，已证明了他的重要性。我发觉他的作品可怕地冗长，我想，他是以变戏法来证明他想到的一切事，而我却不能服膺他这种戏法。可能我是借着叔本华谈到他时常有的蔑视口吻，也对他存有偏恨，但对于柏拉图以下的其他哲学家，我却以一个旅行者在不知名的国家里从事冒险的愉悦心情，一个接一个地沉迷在他们的哲学天地里。我读时并不精密，只是以读小说的心情去读他们的作品，只寻求兴奋和喜悦（我已经坦白说过，我读小说不是为了得到教训，而是为了寻求快乐。我请求读者们的宽容）。我是一个学习人性的学生，因此从这些不同的作家供给我观察的自我显示中，我得到了无限的快乐。我看到隐藏在哲学后面的人，我在一些人身上发现了他们的高贵气质，使我感到欢喜若狂，又在另一些人身上看到其怪异而感到衷心喜悦。在我昏头昏脑地跟着柏罗丁（Plotinus）从一个孤独的王国飞向另一个孤独的王国时，我感觉到一种美妙的狂喜，而虽然我那时就了解到，笛卡儿从他有效的前提，得到了荒谬的结论，但我还是为其词语表达的简洁所着迷。读他的作品，就像在一个清澈见底的湖中游泳一般，那水晶般的湖水美妙得使人忘记疲劳。我把第一次读斯宾诺莎（Spinoza）看作是我生命的一次不凡经验。他的哲学使我充满那种庄严的感觉，以及那种看到一个伟大山脉时心中涌起的狂喜力量。

我对英国哲学家的作品存有轻微的偏见，因为我在德国时，有这样一个印象：除了休谟（Hume）是可能的例外，所有的英国哲学家都大可以加以忽视，而休谟的唯一重要性是康德曾经破坏过他的系统。但等到我涉猎英国哲学家时，我发现，他们除了是哲学家外，还是不寻常的良好作家。虽然他们不可能是很伟大的思想家（这一点我不能判断），但他们却是很奇异的人。我想，几乎每个人读到霍布斯（Hobbes）的《利维坦》时，都会被性格粗暴而直率的“约翰牛”所吸引，而每个人读到巴克莱（Berkeley）的对话时，都会因这个令人愉悦的迹人大主教而狂喜忘我。虽然康德真的破坏了休谟的理论，但我想，没有人能以更优雅、郑重和清晰的文笔写出像他那样的哲学了。他们（就此事而论，洛克也算在内）写出的英文，学习文体的学生应该加以学习。在开始写一本小说之前，我会把《老实人》（*Candide*）再读一遍，这样我在心底深处才存有那清晰、优美和机智的试金石。我有一个想法：假如今日的英国哲学家在从事写作之前，能够纡尊降贵去读读休谟的《人类理解研究》的话，那对他们是不会有害处的。因为，他们现在并不一定都写得清晰可读。可能他们的思想比他们的前驱者更精妙，所以不得不去使用自己发明的一些专门性词汇，但这是一种危险的行为，而在他们处理对一切有想法的人都有迫切关系的材料时，人们只能感到遗憾，因为他们不能使自己的意思清楚明白地表达出来，使读到的人都可以了解。他们告诉我说，怀特海（Whitehead）教授的头脑，是所有从事哲学思想的人中最灵巧的。我想，这真是憾事，因为这样的话，他就不会在使他的意思清晰地表现出来这件事上那么费劲了。斯宾诺莎遵行一条很好的原则：用以表示事物性质的词语，其通常的意义，不应该与他欲加予它们的意义相反。

· 64 ·

哲学家也是作家，这没什么不应该。但写得好并不是源于本能，写作是一种需要勤勉学习得来的艺术。哲学家不仅仅只向其他哲学家和谋求学位的大学生发言，他也向直接塑造下一代思想的文学家、政治家和有想法的人发言。这些人非常自然地会被一种明显且不太难以消化的哲学所吸引。我们大家都知道，尼采的哲学怎样影响了世界一些地方的人们，而几乎没有人会声称，他的哲学没有悲惨性的影响。他的哲学流行的原因，并不是由于它可能具有的思想之深刻性，而是由于一种生动的文体和一种有效的形式。那些不费点工夫去把思想清晰地表达出来的哲学家，只显示出一个事实：他们认为自己的思想只具有学术性价值而已。

无论如何，在我发现职业哲学家之间有时也不能互相了解时，我感到一种安慰。布莱德雷（Bradley）时常坦诚地说，他不能了解与他辩论的对方意思何在，而怀特海教授也曾在某处指出，布莱德雷所说的一些话令人难解。最杰出的哲学家不能常常互相了解，那么外行人假如不能时常了解他们的话，也大可以听之任之。当然，形而上学是难以了解的。我们必须预料到这一点。外行人走在一条空中缆索上，手中没有横杆来平衡他的身体，假如他总能攀爬到安全之地的话，他必定要谢天谢地。这种技艺足够富有刺激性，使他值得去冒一次摔倒的险。

我发现到处有人提出意见说，哲学是属于高等数学的范围，我为此感到很为难；假如知识像进化的原则所暗示的，是在求生存的挣扎中，为了实用的理由而加以发展的话，那么知识的总和（即一般来讲，对人类福祉不可或缺的某种东西），就只能为了一小部分天生有一种珍贵能力的人而保存。这一点我虽然难以置信，但假如我没幸运地碰到布莱德雷，承认自己对这种难解的科学懂得很少的话，我就不大可能从事这方面让我愉快地研究的工作了，因为我并没有数学的头脑。而布莱德雷并不是卑微的哲学家。我们知道不同的人味觉都不相同，而假如没有味觉，人类就会灭亡。你似乎不可能对这宇宙及人类在其中的位置，对罪恶的神秘和真实的意义，怀有合理的理论，除非你是一个数学物理学家。这种情形，就像你不可能享受到喝酒的乐趣，除非你具有受过训练的感知力，使你能毫不出错地把二十种不同的葡萄酒归于同一个出产年份。

因为哲学不是仅跟哲学家和数学家有关的课题。哲学是一种与我们全体有关的课题。真的，我们大部分人都同意事物经过哲学间接处理后的意见，大部分人也不知道，其中到底有什么样的哲学。但哲学纵使在没有思想的人身上也是隐藏着的。第一个说出“不要为洒出的牛奶悲伤”的老妇人自成一个哲学家。除了“懊悔无益”外，她这句话还有什么意思呢？其中隐含着一套完全的哲学系统。宿命论者认为，你无法在生活中踏出没受到此刻的你推动的步伐，而你不仅是你的肌肉、你的神经、你的内脏和你的头脑，你还是你的习惯、你的意见和你的思想。不管你对它们知觉到的程度多小，不管它们会有多矛盾、多无理和多偏颇，它们就存在在那儿，影响你的行动和反应。纵使你没把它们放进话语里，它们还是你的哲学。很多人都没把这些加以系统化，这可能也是很好的现象。他们所具有的几乎不是思想，至少不是有知觉的思想，而是一种模糊的感觉、一种经验，像生理学家不久前发现的肌肉感觉，这种感觉是他们从所生活的社会流行的想法里吸收而来的，并且轻微地受到他们自己经验的修改。他们过着有秩序的生活，而这观念和感觉的混同体对他们就足够了。因为这混同体包括了时代的一些智慧，所以对于日常生活的通常目的而言，是充分足够的。但我已试图建造我自己生活的模式，并且从很早的时候起，就试着去找出所要处理的是什么元素。我要尽量去获取宇宙普遍构造的知识；我要下决心，决定我是否必须只考虑目前的生活，或者还要考虑来世的生活；我要发现我是不是一个自由的个体，或者，我根据我的意志塑造的那种感觉只是一种幻影；我要知道，生命是不是有意义的，或者，我必须努力去为生命赋予一种意义。所以我以一种漫无边际的方式，开始阅读了。

· 65 ·

第一个吸引我注意力的主题是宗教。因为我认为最重要的是，去决定是否自己所住的世界是我必须慎重处理的唯一世界，或者，我必须把这世界看成只不过是一个准备我来世生活的试验场所。我写《人性的枷锁》时，有一章描写到我的英雄赖以成长的信心的丧失。那时有一个好心而对我感兴趣的聪明女人，读了我这本书的打字稿。她告诉我说，这一章写得还不够。我重新写过，但并没有多大改良。因为这章是描写我自己的经验，而无疑地，我之所以那样结尾的理由是不充分的。那是一个无知男孩的理由。那是感情上的理由而非理智上的理由。我双亲死时，我与当牧师的叔父住在一起。他那时是五十岁，没孩子，而我确信，要养育一个别人托付给他的小男孩，对他是一件很大的麻烦事。他早晚都要祈祷，星期天我们要到教堂两次。星期天是繁忙的日子。我的叔父常常说，他是那教区里唯一一星期工作七天的人。事实上，他闲散得让人难以置信，他把他的工作留给他的副牧师和教会执事去做。我很容易受人影响，不久就变得很虔诚。不管在我叔父的教区或者以后在学校，我都信任而不加怀疑地接受人们教给我的东西。

有一件事马上影响了我。进学校不久之后，由于遭受耻笑和屈辱，我发觉我的口吃对我是一件大不幸的事情。并且我在《圣经》上读过，有信心者可移山。我的叔父确切地告诉我，这是一个完完全全的事实。有一天晚上（过一天我还得回学校），我用我的全力祈祷上帝，请求他扫除我的阻碍，然后带着信心，上床睡觉，心中确知，第二天早晨起床时，我讲话就能够跟别人一样。我脑中浮起一幅图画：男孩子们（我还在预备学校）发觉我不再口吃时的惊奇。我醒时，心中充满狂喜之情，但发觉我还是跟平常一样口吃得一塌糊涂时，就尝到了一个真正可怕的打击。

我慢慢长大，进入了皇家学校。教师们都是牧师，他们愚笨而脾气又大。他们对我的口吃感到不耐烦，不是完全忽视我（我宁愿如此），就是欺负我。他们似乎认为口吃是我的错。不久我发现叔父是一个自私的人，他只关心自己的舒服，其他事都不管，邻近的牧师有时到他的教区来。其中有一个牧师因为让叔父的母牛挨饿而被开除，另外一个因为被控喝醉酒而被迫放弃圣职。他教我说，我们生活在上帝面前，人们的主要事务是拯救其灵魂。我免不了看出一个事实：没有一个牧师按照他们在道坛上所讲的实际去做。我的信心虽然狂热，却因这些强迫性的“上教堂”而感到可怕地厌倦，不管在家或学校都如此。到德国的机会，使我获得脱离教堂的自由。但我会有两三次因出于好奇心，到海德堡的耶稣会教堂参加大弥撒。虽然我的叔父对天主教有一种自然的同情（他是高教会信徒，在选举时期内，信徒在花园的篱笆上漆着“此路通向罗马”），但他确信，他们将来会在地狱里嘶声喊叫的。他盲目地信仰人生的永恒处罚。他痛恨他教区里的反对英国国教者，并且认为英国竟会容忍他们，实在是怪事。他感到安慰的是，他们也要遭受永恒的处罚。天堂是为英国国教的信徒保存的。我认为我在那种宗教团体里长大，是上帝的伟大仁慈所赐。这好像和生为英国人一样美妙。

但我到德国时，发现德国人正如我因生为英国人感到骄傲一样，也为他们生为德国人感到骄傲。我听到他们说：英国人不懂音乐，莎士比亚只在德国才有人欣赏。他们说英国是一个看管商店的人组成的国家，无疑地，他们认为德国的艺术家、科学家和哲学家是大大地优越于别人的。这使我感到震惊。而在海德堡的大弥撒中，我禁不住注意到，那些挤满了教堂，甚至挤到门口的学生似乎很虔诚。他们外表上信仰他们的宗教，实在犹如我信仰我的宗教那样真诚。他们能够这样，倒是奇事，因为我知道他们的外表是虚伪的，而我的外表是真诚的。我想，我天生不能有强烈的宗教感觉，否则在我青年时代顽固的状况下，看到那些我接触的各色牧师，其言行不一所形成的强烈对照，一定会让我感到很震惊，以至于要发生怀疑了。如果牧师的情形不这样的话，我几乎就不会认为那时我所想到的一个简单的小念头，对我有那样大的重要性。这个念头就是：我很可能生在德国南部，那么自然地，我就会长大成为一个天主教徒。我发觉，因为不是自己的错，而要去受永恒折磨的苦刑，是一件很困难的事。我直率的性格因为这种不公平而产生反抗的心理。下一个步骤显得很容易了，我下了结论：一个人信仰什么，一点也无所谓；上帝不能因人们是西班牙人或者南非的土人而诅咒责罚他们。我可能会就在那儿打住，而假如我不那么无知的话，可能会信仰18世纪流行的某种自然神教。但灌注进我体内的一些信仰互相结合在一起，当其中一种信仰变得似乎肆无忌惮时，其他信仰也会开始效仿。这整个可怕的结构，不是建立在对上帝的爱，而是建立在对地狱恐惧的基础之上，结果就像一间厚纸板建造的房子一样倒塌了。

无论如何，我心中不再信仰上帝了，我感到一种新的自由的狂喜。但我们不仅仅以我们的心来信仰。在我灵魂深奥的某处，仍然游移着对地狱之火的旧日恐惧，而我的狂喜长久以来就被那古老的焦虑阴影冲淡。我不再信仰上帝，我骨子里仍然信仰魔鬼。

· 66 ·

在我变成一个医学院的学生而走进一个新世界时，我要驱除的就是这种恐惧。我读了很多书。书本告诉我，人是受制于机械法则的机器；机器停止时，人的末日也就到来了。我看到人在医院死去，而我受到的惊吓更坚定了书本所教我的。我满足于相信：宗教和上帝的观念，是人类为了生活的便利而慢慢发展出来的，代表着对物种生存一度有价值（尽管我还准备说，仍然还有价值）的某种东西。但这种东西必须加以历史性的说明，并且不与真实之事物相对应。我自称是一个不可知论者，但在我的血液和骨子里，却把上帝看作是一个有理性的人必须加以拒绝的假设。

但假若没有能够把我委之于永恒火焰的上帝，又没有能够被转托的灵魂，而且假如我是机械力量的玩物，而以生命的挣扎为其推进力，那么我看不出，我被教诲的“善良”有什么意义存在。我开始读伦理学。我谨慎地涉猎过很多卷帙浩繁的大部头书。我得到了一个结论：人类的目标除享乐外别无其他。人类为了别人而牺牲自己时会相信，他们绝不是在寻求他们自己的满足，但那导致他们这样相信的，只不过是个幻影而已。既然将来是不可确定的，所以把握时机享乐，只是常识问题而已。我心中认为，“是”与“非”只是字眼的问题，而行为的规则只不过是人们建立来达到他们自私目的的习俗。自由人没理由要跟从这些习俗，除非习俗适合而便于他们的行为。我那时有一种喜欢警句的倾向，又因警句是流行的风尚，所以我就把自己的信念用短语表达出来，对自己说：“顺从你的意愿，适度留意街角的警察。”在我二十四岁时，我已构建了一个哲学的完整系统。这个系统基于两个原则：事物的相对性和人类的圆周性。我从那时起就晓得第一个原则并不是原创的见解，另一个原则可能显得深远，但至今虽然绞尽脑汁，我还是没弄明白这条原则究竟是什么意思。

我在某一个场合读到了一个我非常喜爱的小故事。是在阿纳托尔 · 法朗士的《文学生活》里读到的。那是很多年前的事了，但我仍记得这个故事：一个年轻的东方国王，登位时急于公正地统治他的王国，就广征国内的智者，命令他们把世界的智慧集合成书，这样他才能阅读而学习到如何做一个最好的国王。智者离去，三十年后，他们回来了，带着一队的骆驼，背着五千本大部头书。他们告诉国王说，他们已搜集了智者从历史与人类命运学到的一切事物。但国王专心于国家事情，无法阅读这么多书，所以叫他们去把这些知识浓缩到更少的书里。十五年以后，他们回来了，身后的骆驼只背了五百本书。他们告诉国王说，他可以在这些书里发现世界上全部的智慧。但这仍嫌太多，国王又把他们遣走。几年过去了，智者又回来，这次他们带来的书不超过五十本。但国王已老而倦了。他现在甚至连读这么几十本书的时间都没有，他又一次叫他的智者们减少书的数目，能够在一本书里给他人类知识的一个大要，这样他最后才能学到对他重要的事物。他们离去后开始着手工作，五年后，他们回来了。他们把辛苦的成果献到国王的手中，那时他们都已是老年人了，而如今国王已奄奄一息，甚至没有时间去读他们带给他的那本书了。

我所寻求的就是像这样的书，那种能够一劳永逸、解答困扰我问题的书。这样，每件事物都能一次性得到解决，我可以毫不受障碍地追求我生活的模式。我读了又读。从古典哲学家转向现代哲学家，认为在现代哲学家中，可能会找到我所要的东西。但结果是，我对他们的观点没有太多认同。我发觉，我对他们作品的批判性部分有信心，但在我读到其建设性部分时，虽然常看不出错误，却禁不住意识到它们无法使我同意。因此我有了一个印象，那就是，尽管哲学家们有学问、有逻辑、有派别，但他们之所以怀抱如此信仰，并不是因为他们的理智引导，而是因为他们性情的逼迫。如果不是这样的话，我就不能理解，这几千年以来，他们彼此的意见怎样演变到如此大相径庭的地步。我不记得在什么书上读到，费希特曾经说过，一个人采取什么样的哲学，要看他是什么样的人。那时我就想，我也许在寻求我无法找到的东西。我想，假如哲学上并没有每个人都可接受的普遍真理，而只有一种与个人的性格一致的真理，那么我只有缩小我的寻找范围，去寻觅某一个哲学家，其系统因我跟他是同一类人而适合我。他对于困扰我的问题，能给出的答案，一定能够使我满意，因为这些答案会是迎合我性情的唯一可能的答案。

有一段时间，我大为实用主义者所吸引。我从英国伟大的大学里大师们的形而上学作品中所得到的利益，并没有我预期的那么多。我想他们都太绅士，不能算是好哲学家，而我不能不怀疑，有时他们因为怕伤害了与他们有社会关系的同事的感情，所以不去探索一个论题，直到得出有逻辑的结论。实用主义者有精力，他们显得生气勃勃。其中最重要的哲学家都写得不错，对于我无法得到清楚解答的那些难题，他们却能使之显得简单易解。但我无法劝说自己像他们一样去相信，真理是我们为了满足实际的需要而形成的，虽然我应该会很愿意这样相信。我认为一切知识都以感知因素（sense-datum）为基础，感知因素是上天赋予且既定的东西，不管它适不适合我们，我们都得接受。假如相信上帝存在能使我感到安慰，那么上帝就是存在的——这样的论证不会让我感到舒服。实用主义者不再使我大感兴趣了。我发觉柏格森的哲学好读，但却特别不能使人信服。我在本内德托 · 克罗齐（Benedetto Croce）的作品里也找不到适合我的东西。另外，我在伯特兰 · 罗素的作品里发现，他是一个让我大为满意的作家。他的作品容易懂，他的英语也好。我带着敬慕的心情读着他的作品。

我很愿意把罗素当作我所寻觅的指导者。他有世俗的智慧和常识。他容忍人类的脆弱。但我及时地发现，他是一个对路径不很确定的指导者。他的心神不定。就像一个建筑师，你要一间房子住时，他劝说你用砖头建造，然后又向你说出为什么要用石头建筑的正当理由，但等到你同意用石头建造后，他又举出良好的理由，证明唯一适合建造房屋的材料是强固的混凝土。与此同时，你连遮风避雨的地方都还没有。我在寻求一种像布拉德利的系统那样一贯而完备的哲学系统。在这种系统里，一部分跟另一部分必须紧密结合在一起，没有什么部分可以做改动，否则整个结构就会崩溃。罗素无法给我这样的一个系统。

最后，我得出结论：我无法找到我在寻觅的那本完全令人满意的书，因为这本书只能是我的自我表达。所以我不加顾虑，勇敢地下决心要自己来写。我找出大学生要取得哲学学位的必读书目，然后勤勉地读了起来。我想，这样我应该至少可以打下我自己作品的基础。我想，有了我过去四十年（因为我构思这些时是四十岁）所得到的有关世界的知识，同时我又打算再花几年工夫，勤勉地专心学习哲学和文学，所以我应该有能力写这样一本心中所构想的书。这本书可能勾画出一个勤于思考的人的灵魂（想不到更确切的字眼）的清晰画像。这人所过的生活，比专业的哲学家要更丰富，得到的经验也比专业的哲学家更多样而富于变化。我很了解自己，知道自己没有形而上思考的天赋。我想从书本各处撷取理论，这些理论不仅要满足我的心，而且要满足我禁不住要认为比心还重要的东西——我的本能、感觉和根深蒂固的偏见的总和（我的偏见是整体里一个紧密的部分，几乎无法从本能中割裂），并且从这些理论中，我要建造出一个有效的，并且使我能追寻自己生活的系统。

但我读得越多，发觉这个主题越复杂，也更体会到自己的无知。有些哲学杂志以冗长的篇幅所讨论的题目，虽然有显明的重要性，但当我还在暗地里摸索时，这些题目却显得琐碎、微不足道，让我感到特别沮丧。还有，处理这些主题的方式、逻辑的工具、论证每一点时的小心翼翼，以及可能碰到的反驳，每个作家第一次使用一个词语时所下的定义，他所引用的权威，所有的这一切都向我证明，无论如何，至少现在哲学已成了专家之间互相讨论的事务了。外行人几乎没有了解其精妙的希望。我需要二十年的时间为我提议要写的书从事准备工作，而等到准备工作完成时，我可能就会像法朗士故事里的国王一样，躺在床上快要死去，而我花费的气力至少对我不再有用处了。

我放弃了这个想法，我现在所能展示的努力成果，就是当时写的几本散漫杂乱的笔记。我并不认为这些笔记有其独创之处，甚至我用以写这些笔记的字句也没有独创之处。我就像一个流浪汉，穿着仁慈的农妇给的裤子，以及稻草人身上的上衣，垃圾桶捡来的不成双的鞋子，戴着路上捡来的帽子，尽可能把自己装饰起来。这些服装就像破衣烂布一样，但是他把它们处理得很合身，穿起来很舒服，虽然看起来不顺眼，但他发觉自己穿着再合适不过了。他经过一个穿着漂亮的蓝色套装，戴着新帽子，脚踩锃亮的鞋子的绅士时，认为自己看起来很气派，而如果自己穿着那身整齐而可敬的服装时，他并不确定自己能像穿着破衣烂布时那样心安理得。

· 67 ·

读康德时，我发觉自己不得不放弃年轻时热衷的物质主义及属于物质主义的生理宿命论。我那时不知道非难康德系统的那些反对意见，我在他的哲学里发现了一种情感上的满足，他的哲学刺激我去思考那种不可知的“自在之物”，我满足于人们从现象中建立的世界。康德的哲学给我一种特殊的解放感。我对于所谓“使你的行动成为一种宇宙可能的准则”的格言犹疑不决。我太相信人性的多样性，因此不相信这句格言的合理性。我想，对一个人是正确的事物，对另外一个人有很大可能是错的。就我来讲，我最想要处于放任而不被理睬的状态，但我发现，并没有很多人要处于这种状态，假如我放任他们不加理睬的话，他们就认为我无情，漠不关心，自私自利。但一个人如果长久研究唯心主义哲学家的作品，他一定会接触到唯我论。唯心主义老是在唯我论的边缘徘徊。哲学家们像受惊的小鹿一样胆怯地逃避唯我论，但他们的论证继续把他们领回唯我论身边，而据我的判断，他们逃避唯我论，只是因为他们不把自己的论证坚持到底。唯我论是一种几乎免不了要诱惑小说作家的理论。唯我论主张的就是作家通常所做的。唯我论有一种完美和优雅，使其本身显得无限吸引人。因为我不能假设我的每个读者都知道各种不同的哲学系统的意义，所以假如我在这儿简短地述说什么是唯我论的话，通达的读者可能会原谅我的。唯我论者只相信自己及其经验。他创造这世界当作他活动的剧场，而他所创造的世界里包括了他自己和他的思想、他的感觉，除此之外，再没有别的存在了。每种可知的事物、每个经验事实，都是他心中的一个观念，没有了他的心，每个经验事实就不存在了。他不可能，也不需要去确定他身外的任何事情。对他来讲，梦与现实是一回事。生命是一场梦，他在梦里创造出现在他面前的那些事物。生命是一场连贯的梦，他不做梦时，整个世界的美、痛苦和烦恼以及不可想象的多样性，也就不存在了，这是一个完美的理论，只有一个缺点：不可信。

我抱持野心要以这些为题材写一本书，我认为必须着手了，于是我就开始研究认识论。我发觉我检视过的理论中没有一个理论令人信服。我想，无能力判断诸理论价值的凡人（凡人是哲学家蔑视的对象，除非凡人的观点刚好与哲学家的观点一致，那时他的观点就显得很有价值），可能有资格选择那最能满足他偏见的理论。有一个理论说：除了人们称为天赋的某种基本数据和他们类推出来的其他思维存在两种情形外，他们不能再对其他的事物有把握。假如我坦诚下判断的话，我可以说，这个理论中是有很多似真性在的。他们知识的其余部分都是虚构的，都是他们为了生活方便起见设计出来的思维建构。他们为了在进化的过程中必须适应一个老是在改变的环境，就找些片段东拼西凑成一张图画，因为凑合起来的片段适合他们的目的。这就是他们所知道的现象世界。“真实”只不过是他们提出作为现象世界诱因的假设。他们也可能会采用其他片段，结合成另外一张图画。这个不同的世界，会如同我们认为自己知道的世界般一致、真实。

我们难以劝服作家说，在身与心之间并没有一种密切的相互作用。福楼拜写过爱玛·包法利夫人自杀时，遭受砷中毒的症状，这种经验只不过是每个小说家经历过的极端情况。大部分的作家在写作时都时常发过冷、发过烧，受过肌肤之痛，及作呕之苦。但是，他们晓得把许多最愉快的创作归功于他们身体病态的情状。他们知道，很多很多似乎直接来自天堂的最深的情感和思想，可能是由于缺乏锻炼或肝功能不全所引起的，所以他们免不了会以某种嘲讽的态度看待他们的精神经验；这种态度是纯粹有益的，因为这样他们才能处理和操控他们的精神经验。就我来讲，在哲学家为考虑凡人而提出的物质与精神间关系的各种理论中，我现在仍然觉得最满意的是斯宾诺莎的概念：思想的实体和物质的实体是合二为一的，是相同的实体。当然，现在称为“能量”更合适。要是我没有误解罗素的话，那么他在谈到作为精神和物质世界的原料——中性元素时，以他现代的方式，表达出了一种与此类似的观念。我试着去让自己看到类似这样的图画，结果看到精神宛若一条河流冲过物质的密林，但河流是密林，密林也是河流，因为河流和密林是一体的。生物学家将来似乎可能在他们的实验室里成功地创造出生命，那时我们对这些问题就会懂得更多了。

· 68 ·

但凡人对哲学的兴趣是实际的。他要知道生命的价值是什么，他应该如何生活，他要能看出宇宙有什么意义。如果哲学家退后，甚至拒绝给予这些问题试验性的答案时，他们就是在回避自身的责任。现在，凡人所面对的最急迫的问题是罪恶问题。

哲学家谈到罪恶时，老是要用牙痛做例子，这倒是奇异的事情。他们以公正的态度指出："你不能感觉我的牙痛。"在他们安逸的生活里，牙痛好像是唯一大大困扰他们的痛苦，我们几乎可以得到一个结论，那就是，由于美国牙医技术的进步，整个问题就能理所当然地被搁置起来了。我有时想，假如在授予哲学家学位，使他们得以把智慧传给年轻人之前，要他们在一年时间内必须到一个大城市的贫民窟从事社会工作，或者靠体力劳动生活，这未尝不是一件好事。假如他们看过孩童死于脑膜炎的话，他们会以另外的眼光面对一些关系到他们自身的问题。

假如主题没有如此贴近现实的话，我们读《表象与实在》[1]里有关罪恶的那一章，就容易感觉有嘲讽的趣味了。这是本惊人的绅士派书籍，使你得出这样一个印象：为罪恶附加上任何重要性实在是失礼举动，虽然我们必须承认罪恶的存在，但是为它而大惊小怪，却是不合理的。无论如何，罪恶大大为人所夸张了，而显然地，罪恶中还有很多好的成分。布莱德雷认为，大体来讲，“不用关心”。对于各种不一致的情形，及其所包含的多样性，“绝对”却是更加丰富的存在。布氏告诉我们，就像在一部机器里一样，其中各部的抗力和压力能使机器超过其任何一部分的功能。“绝对”也可以在更高的水平上达到这一地步，而假如这可能的话，那么无疑地，这也是真实的。罪恶和错误有助于一个更广大的计划，并且在这计划里得以实现。这两者都在一种更高境界的善里发挥了作用，而在这种意义上，两者都成了善的一部分，只是不为人所发觉。罪恶，简而言之，是我们各种感觉的一种欺骗，仅此而已。

我曾试图去寻找其他派别哲学家对这个问题的看法，但我发觉并不多。可能这个问题没什么好说的，而哲学家自然会对他们能长篇大论来讨论的问题更加重视。在他们所说出的小部分中，我找不到多少能满足我的东西。有可能我们所忍受的罪恶，教育了我们而使我们变得更好，但知识和经验并不允许我们这样去认

1. 弗朗西斯·赫伯特·布莱德雷（Francis Herbert Bradley，1846—1924）：英国唯心论派（或称新黑格尔学派）代表人物，《表象与实在》为其作品之一。

为，这是一个普遍的规律。有可能勇气和同情是绝妙的美德，而这两者如果没经历危险和痛苦，就不可能存在。维多利亚勋章颁给了冒生命危险救盲人一条命的士兵，但我们难以看到这勋章会对那盲人的失明有什么安慰作用。给人赈济表示出了仁慈之心，而仁慈心是一种美德，但一个跛子因贫穷而引起人们的仁慈心，这种仁慈心能补偿这跛子的缺憾吗？罪恶，无处不在；痛苦、疾病、我们所爱的人的死亡、贫穷、犯罪、罪过、受挫的希望，这样的列举简直无穷无尽。哲学家能给予什么样的说明？有人说，罪恶理论上是必要的，因为这样我们才可能知道“善良”；有人说，世界的本质，就存有好与坏之间的敌对情形，并且两者在形而上学上讲来，是彼此必要的。神学家能给予什么样的说明？有的说，上帝为了训练我们，在世上放置了罪恶；有的说，他把罪恶降临给人类，以惩罚他们的罪过。但我见到过死于脑膜炎的孩子。我只发现一个在情感和想象上同样吸引我的解释，那就是灵魂轮回说。大家都晓得，轮回说认为生命不始于生也不终于死，生命是一连串无尽生命里的一环，每个生命都决定于前生的所作所为。善事可能把一个人提升到天堂的高处，罪恶可能把他贬低到地狱的深处，所有生命都有结束的时候，甚至神祇的生命也是如此，而快乐是在生之循环的解脱中，及称为涅槃的恒久不变的安静中寻求的。假如一个人能想到，罪恶只不过是前生过错的必然结果，那么他就不难忍受其生命的罪恶了，而当一个人存有一个希望，知道在另一生里，有较大的幸福等着要报答他时，他就比较容易去努力做得更好了。但是，假如一个人对自己不幸的感觉，比对别人不幸的感觉更强的话（像哲学家说的，我不能感觉到你的牙痛），那么，别人的不幸就会引起他的愤怒了。要顺从地忍耐自己的不幸是有可能的，但只有沉湎于“绝对”完美的哲学家，才能以一种平等的心态去看待别人时常显得不当的不幸。假如因果报应是真实的话，那么人们应该以同情且毅然的态度，去看待别人的不幸。剧烈的反应会显得不适当、生命会被剥夺痛苦的无意义论，而痛苦的无意义论是悲观主义者那没有得到回应的论证。我唯一感到懊悔的是，我发觉这理论就如我刚说到的唯我论那样不可信。

· 69 ·

但我还没说完罪恶的问题。你一旦考虑到上帝是否存在的问题，以及假如他存在的话，他应该是什么样的，问题就显得迫切了。像其他人一样，我去读了物理学家那些迷人的作品。他们对于隔开星辰的遥远距离和对光线抵达我们的世界所跨越的时间的思考，既吸引我又让我敬畏。我惊奇于星云不可想象的广袤。假如我对我所读的了解正确的话，我必须这样假设：最初两个宇宙相吸和相斥的力量互相平衡，所以无数年代以来，宇宙一直处于一种完全均衡的状态。然后在某一个时间里，这种状态受到干扰，宇宙失去了平衡，就产生了天文学家告诉我们的宇宙，以及我们所知道的小小地球。但是什么力量引起了最初的创造行为呢？是什么力量颠覆了均衡的状态呢？我的心中似乎不可避免地推断出一个“造物主”的概念，而除了一个全能的存在外，还有什么能创造这个广阔、巨大的宇宙呢？但世界的罪恶却强迫我们承认：这个存在体不可能全能和全善。一个全能的上帝，可能为了世界的罪恶而受到公正地谴责，而以敬慕之情、崇拜之心看待他的存在，似乎是荒谬的事情。但理智与感情又反对“不全善之上帝”的概念。我们因此被迫去接受一个“非全能上帝”的假设：这样一个上帝自身不能说明自己的存在，也不能说明他所创造的宇宙之存在。

阅读世界伟大宗教的文档时，你会惊奇地发现，后续的年代添加了多少文档里原来没有的意思。宗教文档的教训、例证，都创造出了一个比其自身更伟大的理想。我们大部分人遇到有人以华丽的辞藻赞美我们时，都会觉得尴尬。奇怪的是，虔诚的信徒竟会认为，在他们奴隶般赞美上帝时，上帝会感到高兴。我年轻时，有一个年纪较大的朋友，他常要求我跟他一起待在乡下。他是一个有宗教信仰的人，每天早晨都要向集合在一起的家人诵读祈祷文。但他却把祷告书里所有赞美上帝的文句用铅笔画掉。他说，再没有比当面赞美一个人更粗俗的事了，而他自己是个绅士，不相信上帝如此不够绅士风度，会喜欢人们赞美他的那些话。那时我觉得，这似乎是件怪异的事情。现在我认为，这位朋友倒是很明智。

人类热情，人类脆弱，人类愚笨，人类可怜，要他们去承受如上帝的愤怒那般可怕的事，似乎不太恰当。要原谅其他人的罪过并不太难，你置身于他们的处境时，一般来讲，你就容易看到是什么东西促使他们去做了他们不应该做的事，并且能为他们找到借口。在人们做了一件使一个人引起复仇行为的有害事情时，那人就会有一种发怒的自然本能，并且难以对切身之事采取超然的态度。但只要稍微一想，他就能从旁观者的角度去看待情况，而勤加练习之后，就不再难以原谅人们加于他的伤害了。而要原谅一个人对其他人的伤害，反而较难，那实在需要一种非凡的心力。

每个艺术家都希望被人相信，但他对不接受他所传达的信息的人，也并不会生气。上帝并不通情达理。他急切地渴望着被人信仰，以至于你可能会觉得，他需要你的信仰，以便确定他自己的存在。他答应给那些信仰他的人以回报，并用可怕地惩罚来威胁那些不信仰他的人。就我来讲，我不能信仰一个因为我没信仰他就发怒的上帝；我不能信仰一个比我还没忍耐力的上帝；我不能信仰一个既不幽默也没常识的上帝。普鲁塔克（Plutarch）很久以前就把这件事说得简单明了。“我大可宁愿，”他写着，“让人说以前从未有一个叫普鲁塔克的人，现在也没有，而不愿人家说，普鲁塔克是个反复不定，变化无常，容易发怒，为了微不足道的激情就要报复，为了鸡毛蒜皮的事就会焦躁的人。”

虽然人们看出上帝也具有他们自身也会叹惜的不完整，但这并不能证明上帝不存在。这只能证明，人类所接受的宗教，只不过是切入可穿越的密林的死路而已，没有一条通到伟大神秘的中心。我们已引用论证来证明上帝的存在，而我要求读者在我简短地斟酌这些论证时，要有耐心。其中一个论证认为，人类有一种完美的存在物的观念；既然完美包括存在，所以一定有一个完美的存在物存在。另一个论证坚持说，每件事都有一个因，既然宇宙存在着，也应该有一个因，而这个因就是造物主上帝。第三个论证，是从“设计”的角度出发的。康德说它最清晰、最古老，并且最适合人类的理性。在休谟伟大的对话里，一个角色说了下面的话，陈述出第三个论证：“自然的次序与排列，最终原因的奇异调整，每个部分与器官的纯粹用处与意图，所有这一切，以最清楚的语言显示出这就是智慧上的原因，或是造物主。”但康德却下结论说，有关这个论证的有利依据，并不优于其他两个论证的有利依据。他在三者之外提出另一个论证。简单来说就是：没有上帝的话，就不能保证责任感（以自由和真正的自我为前提条件），因此，相信上帝是道德上所需要的。一般相信，这理论归功于康德温和的性情，多于归功于其精妙的智力。这个论证对我似乎比其他论证显得更有说服力，但现在已经不受人拥护了。这就是所谓的“民众契约”的证明。这个论证指出，人类从起源时就对上帝有某种信仰，而我们难以想象，一种随着人类而成长的信仰，一种为最智慧的人，为东方的圣贤，为希腊的哲学家，为伟大的经院学派大师所接受的信仰，竟会没有一个事实上的基础。这信仰对很多人而言似乎是本能的，而这种本能除非得到满足，否则就可能（我们只能说可能，因为这是不确定的）不存在了。经验显示，信仰的盛行，不管多久，并不保证信仰的真实。所以，情形似乎是，这些关于上帝存在的论证中，没有一个是有确凿根据的。但是，当然，你并没有证明它的存在为假，因为你不能证明。恐惧继续存在着，人的无助感，以及他要在自己和整个宇宙间达到和谐状态的那种欲望，也继续存在着。宗教的源泉就是这些东西，而不是那种对自然或祖先、魔术或道德的崇拜。我们没理由去相信，我们所向往的东西存在着，但说我们没权利去相信我们不能证明的东西，那就太严苛了。纵使你晓得你的信仰缺少证明，你还是没理由不去信仰。我认为，假如你的性情使你在困难中需要安慰，以及需要一种支持和鼓励你的爱，那么你就既不会要求证明，也不会有证明的需要。你的直觉就够充分了。

神秘主义是不能被证明的，并且实际上只需要一种内在的信念。神秘主义不依赖其他信条，因为它从一切信条中得到营养。神秘主义又很富有个性，它能满足每一种个性。神秘主义是一种感觉，认为我们生活的世界只不过是精神宇宙的一部分，而神秘主义就从这种感觉里获得意义。神秘主义是一种感觉：上帝跟我们在一起，支持和安慰我们。神秘主义者常常叙述他们的经验，并且用的是很熟悉的词语，因此我不晓得人们怎么能否认其真实性。老实说，只能以神秘主义者在描写其狂喜时所用的字语去加以描写的经验，我自己从没机会体验到。我坐在靠近开罗的一个废弃的清真寺里，忽然感到像圣依纳爵·罗耀拉坐在曼雷萨（Manresa）河边所感到的狂喜。我感到宇宙的能量和重要性不可抗拒地向我袭来，以及一种跟宇宙神交的亲密、震惊的感觉。我几乎可以说，我感到了上帝的存在。无疑地，这是一种很平常的感觉，而神秘主义者只在其影响清晰地显现于其结果时，才小心地赋予其价值。我有一个想法，认为这种感觉可以由异于宗教的其他原因产生。圣人们一直都愿意承认，艺术家心中可能有上帝的存在，而我们知道，爱能产生一种很像上帝的状态，所以神秘主义者本身也被吸引，去使用爱人们的词语，以表达这种能赐人以福的幻象了。有一种状态，心理学家目前还无法说明，就是你会强烈感觉到，在过去某段时间里，已经经历过一种你现在正在经历的体验，我不知道感觉到上帝的存在是否会比这种状态更神秘。神秘主义者的狂喜是足够真切的，但这种狂喜仅仅能说服他自己。神秘主义者和怀疑论者都同意：在我们一切智力上的努力的尽头，仍然存留着一种巨大的神秘。

面对这种情况，我为宇宙的伟大感到敬畏，同时也不满足于哲学家和圣人告诉我的，因此有时我就回溯，在穆罕默德、耶稣和佛陀之前，在希腊的神祇、耶和华和太阳神之前，直到《奥义书》里的梵天（Brahma）。这种神灵（假如可称为神灵的话）至少有一种能满足想象的庄严宏伟。这种神灵自我创造，而不依靠其他的存在，虽然所有存在的东西都存在于这种神灵之内，它是所有生命唯一的生命泉源。但我周旋于文字的时间太长，总会对文字产生怀疑，而当我看着我刚写下的那些文字时，禁不住觉得它们意义微弱。尤其在宗教里，唯一有用的东西是一种客观的真理。唯一有用的上帝是富于人性的，至上而良善的存在，而其存在正如同二加二等于四那样确定。我无法看透这种神秘。我仍然是一个不可知论者，而不可知论的实际后果是，你的所作所为就会像上帝不存在一样。

· 70 ·

信仰“上帝”对于信仰“不朽”并非必要，但我们却难以把上帝和不朽两者分离，甚至在期待把离开肉体的人类意识分解为普遍意识的那种模糊存在里，假如你否认上帝的灵验和价值的话，你也只能在这种普遍意识里拒绝上帝的名字。我们知道，实际上这两种观念已经有密不可分的关系。所以，死后的生活常被认为是上帝在处理人类时最有力量的工具。这工具给了仁慈的上帝以答谢善者的快乐，给了报复的上帝以惩罚恶者的满足。“不朽”的论证都足够简单，除非上帝存在的前提先被接受，不然，这些论证虽然不能说毫无意义，也是没有强大力量的。无论如何，我要把这些论证列举出来。一种是以生命的“不完整”为基础：我们有一种自我实现的渴望，但事情的不可抗拒，以及我们自身的局限，使我们有一种挫败感，而死后的生活就会抵消这种感觉。所以，歌德虽然做了很多事，但他仍然感到有更多事要做。跟这论证类似的是从欲望出发的论证：假如我们能够想象不朽，而又渴望不朽，这不就表明不朽已然存在了吗？我们对于不朽的向往，只有在有可能被满足时才会为人所了解。另外一个论证坚持：人们想到统治着世界的不公正和不平等时，一定会被愤怒、痛苦和困扰包围。邪恶的人像绿色的月桂树那样茂盛地生长着。人们的公正之心需求另外一种生活，在这种生活里，罪恶可能受到处罚，纯真可能受到褒奖。罪恶只有在来世里以善良来补偿，才能得到宽恕，而上帝本身需要不朽来辩明他对待人类的态度。所以就有了下面这样的唯心主义论证：意识不能为死亡所消灭，因为只有意识才能想象意识的灭亡，所以“意识的灭亡”是不能想象的。这个论证继续确定指出，价值仅为思想而存在，并且指向一种价值能得到完全实现的至上思想。假如上帝是爱，人就是其价值，而我们不能相信，对上帝有价值的东西，可以允许其灭亡。但在这一点上，已暴露出某种犹疑的征象。通常的经验，特别是哲学家的通常经验显示出，世人中绝大多数都不是什么了不起的人。不朽是一个太惊人的意念，无法为普通的凡人所接纳。他们太微不足道，不值得受到永恒的惩罚，或者得到永恒的赐福。所以就有哲学家建议那些可能达到精神完满的人，将享受一种受限制的生存状态，直到他们有机会达到他们能达到的完美境地为止，然后他们会愉悦地消亡，而那些没有这种可能的人，会马上被仁慈地消灭掉。在这种情形下，允许精选的少数几个人，因为一些特性，有福进入这种受限制的生存状态，而一旦你细究这些特性时，你就会有一种令人不安的发现：只有少数哲学家才拥有这些特质。无论如何，人们禁不住怀疑，在哲学家们的美德已经接受其应得的报酬时，他们会以什么样的态度去消磨他们的时间呢，因为在他们旅居地球期间，盘踞在他们心中的问题，大概都会得到充足的回答。人们只能假设，他们会拜贝多芬为师，学习钢琴，或者在米开朗琪罗的指导下，学习水彩画。除非这两位伟人大大地改变了自己，否则哲学家们会发现，这两个人都是性情暴躁的大师。

检验你接受信仰所依赖的论证的力量，有一个好方法，那就是，问问你自己，你是否会为了同等重要的论证，去从事有重要性的实际工作。譬如说，你会听到有一间房子要出售，就马上买下来，而不叫律师检查地契、不叫测量员检验排水沟吗？在你把那些不朽的论证一个一个分开考虑时，它们会显得微弱，而在你把它们集合在一起考虑时，却不再使人信服了。它们像日报里房屋经纪人的广告一样，能够引诱人，但至少对我，不再具有说服的力量了。对我个人而言，我看不出意识如何在其肉体基础破灭时仍能持久，而我对自己肉体与心灵间的相互关系了解得太切实了，所以我不会认为，离开我肉体的意识之生存，在任何意义上，会是自我的生存。纵使一个人能够劝服自己说，在所谓“人类的意识生存于某种普遍的意识里”的提示里，有其真理存在，但也不过是给人一点点安慰。而满足于所谓“人们生存于自身所产生的精神力量里”的想法，只是用来自我欺骗的虚言妄语而已。唯一有价值的生存是个人的完全生存。

· 71 ·

假如人们把上帝的存在和上帝生存的可能这个问题搁置，认为它们太令人怀疑，对人们的行为不会有什么效果，那么他们就要下决心确定生命的意义和用途是什么了。假如死亡把一切都结束了，假如我既用不着希望美德的来临，也不用惧怕罪恶，那么我必须问我自己，我为什么在这儿，以及在这些环境里，我必须如何自处。现在，其中有一个问题的答案显得清楚易懂，却很讨人厌，所以大部分人不会去面对这个答案。生命没有理由，生命没有意义。我们在这儿，短时间作为一个小行星的居民，小行星绕着一个小恒星旋转，这小恒星又是无数银河星系里一个星辰的一员。可能只有这个行星能维持生命，或者，在这宇宙的其他部分，其他的行星也有可能逐渐创造出（经历漫长的时间轨迹）诞生人类的那种物质，形成一种这样的环境。而假如天文学家告诉我们的是真的，这个行星最后会达到一种生物无法在上面生存的状态，而宇宙终于要达到那最后的平衡阶段，那时再也不会发生什么事了。在这之前的世世代代，人类已经消失掉了。那时去想人类是否存在过还有意义吗？人类会成为宇宙历史中无意义的一章，就跟历史上讲述居住在地球远古时期的怪物那一章一样。

那么，我必须问自己，这一切对我有何不同，以及，假如我要尽量利用人生，尽可能自其中得到我能得到的东西，我要如何应付这些环境。在这里，讲话的不是我，是我心中要坚持自我生存的渴望（每个人心中都有这种渴望）；是我们的自我主义（一种长远的能量在不可测的过去，最先推动地球滚动，而我们从这种长远的能量里继承了这种自我主义）；是存在于每个生物，使每个生物保持生命的那种自恃之需要。这是人类的本质。其满足是一种自我满足，即斯宾诺莎所说的，我们希望得到的最高事物，“因为没人会为了结束，而努力去保持他的存在”。我们可以认为，人类心中引发的意识，是一种使他们能够应付身处环境的工具。我们可以认为，长久以来意识只达到了处理人类实际事务的重要问题所需要的程度，并没有得到更高地发展。但在时间的进程中，意识现在似乎发展得超过了人类的实时需要，并且随着想象的兴起，人类扩展了自己的环境，不为人所见的事物也处于其中。我们知道，人类以什么答案满足他们那时提出的问题。他们心中燃烧的能量如此强烈，使得他们无法怀疑其重要性。他们的自我主义无所不包，他们无法想象自己有任何灭绝的可能性。对很多人来讲，这些答案还是令人满足的。这些答案给了生活以意义，给了人类虚荣心以安慰。

大多数人都想得很少。他们以为出现在世界上是理所当然的事情。他们是盲目的奴隶，拼命奋斗是他们的主要源泉，他们这样那样地被驱赶着去满足其自然的冲动，当拼命奋斗的力量减少时，他们就像蜡烛的光一样熄灭了。他们的生活是纯粹本能的。

也许他们的智慧是更伟大的智慧。但假如你的意识发展的结果，使你发觉某些问题压迫着你，而你又认为古老的答案是错误的，那么你要怎么办？你会给出什么样的答案？至少对其中一个问题，人类历史上最明智的两个人，曾给出他们自己的答案。在你看到这些答案时，你就会晓得，这还是一些老调重弹，并且我不敢说，这些老调有什么分量。亚里士多德说过，人类活动的目的是正当的行动，而歌德说过，生命的秘密是生活。我猜想，歌德的意思是：人类在达到自我实现的境地时，也就充分利用了他的生命；他对被暂时的兴致和不受控制的本能所支配的生命少有尊敬之心。自我实现把你所拥有的每一种能力都带领到最高的完美境地，这样你才能获得从生命中能够拧出的所有快乐、美丽、情感和兴趣，但自我实现的困难是，别人的要求会不断地限制你的活动，而道德家为理论的合理性所吸引，又为其结果所惊吓，于是花费了很多笔墨来证明，一个人是在牺牲与无我之中，最完整地实现了自我。这当然不是歌德的意思，并且似乎也不正确。很少人会否认，在自我牺牲中有某种特别的乐趣。自我牺牲提供了一个新的活动领域，以及发展自我新的一面的机会。就这一点来讲，自我牺牲在自我实现里是有价值的；但假如你自我实现的目的，只是在使实现本身不干涉别人在同样事情上的企图，那么你就不会达到深远的地步。要达到这样的目的，需要极度地无情和对自我地沉迷，而这会让别人感到恼火，也常常会让自己显得荒唐可笑。我们知道得很清楚，很多跟歌德接触的人，都为其冷淡的自我主义所冒犯。

· 72 ·

我不满足于追随明智于我的人，这似乎显得傲慢。虽然我们人类彼此很类似，但我们之中却没有人完全相像（我们的指纹可以表明这一点）。我看不出有什么理由，我不应该尽我所能去选择自己的轨道。我企图建构我生活的模式。这个生活的模式，我想可以描述为被一种生动的讽刺调和过的自我实现。也就是说，在倒霉的时候尽力而为。但我在本书开头讨论这个题目时加以逃避的一个题目，现在又出现了。既然不能再逃避，那我只能退回去。我意识到有时我把“自由意志”看作理所当然，我谈话的样子好像有力量随着我的想法，去塑造我的意图，去指引我的行动。但有时，我谈话的样子又好像是接受了宿命论。假如我是一直在写一本哲学著作的话，这样的游移不定是件可悲的事。我并没有假装是一直在写一本哲学著作。但别人怎能期望我，一个业余的客串者，去解决哲学家们还在辩论的问题呢?

把这问题置之一边，可能是明智之举，但这恰巧是特别关系到小说作家的问题。因为作家自己被读者强迫去做严肃的决定。我早就指出，观众是多么不愿意接受舞台上的冲动行为。而冲动只是行动的一种原动力，本人并没意识到行动的动机，冲动就像直觉一样。直觉是你所下的一种判断，但你却不知判断的理由。虽然冲动行为有其动机，但观众却因其不明显而不会接受。戏剧的观众和书籍的读者坚持要知道行动的理由，除非理由使人信服，不然他们是不会承认其可能性的。剧中或书中每个人的行为必得相称，也就是说，他们每个人都必须按照读者对他们的认识和期望去做。在小说及戏剧里，必须运用技巧，以便说服读者或观众去接受他们在现实中不假思索就会接受的偶然和意外。他们全是宿命论者，而小看其顽固偏见的作家就会迷失自己。

但我回顾自己的生活时，禁不住注意到，根本地影响到我的因素中，有多少是归因于只能视为纯粹偶然的环境因素。宿命论告诉我们，我们都是选择抵抗力最小的方向，或者动机最强的方向。我并没有意识到，我常常是跟随抵抗力最小的方向，而假如我跟随最强的方向，那动机就是我渐渐发展出来的自我观念。下棋的比喻虽然是陈词滥调，但在这儿却十分确切。我分到了棋子，必须接受每个棋子特有的行动模式，我必须接受对弈者的一招一式。但我想，我有权根据我的喜欢或不喜欢，以及我的理想，在我这一方以我的自由意志移动棋子。我想，我还是能够时而做出还不会完全有定数的努力。假如那努力是幻景的话，那也是有其效力的幻景。现在我知道，下棋的着数虽然常常出错，但我却是以各种不同的方法，企图达到心中的目的。我希望没犯很多错误，但我并不为这些错误悲哀，现在也不会想要收回它们。

如果我们认为，宇宙的每件事物都在合力引起我们的行为（这自然包括我们所有的意见和欲望），我想这并没有不合理的地方。但一种发生了的行动，是否在很遥远的过去就不可避免，那只能在你判断是否有布罗德博士所谓“因果鼻祖”（casual progenitors）时才能决定，而此事并未完全确定。很久以前休谟就告诉我们，因果之间没有什么可由思想认识到的内在关系。而近来，“不确定性原理”（Principle of Indeterminacy）表露出了我们不能指出原因的某些结果，而对那些赖以科学基础的法则之普遍妥当性，投下了怀疑的阴影。看来，好像“偶然”也必须再度加以考虑。但假如我们并不真正为因果律所束缚，那么我们的意志还是自由的，这并不是妄想。主教们和枢机主教长们抓住这个新意念，好像那是恶魔的尾巴，他们希望拉着这尾巴，使老恶魔本身还魂再生。假如不是在天堂的法庭，至少在主教的宫殿那儿，已经发生了令人大喜的事情。赞美歌可能唱得过早了。我们最好记住，当今我们最杰出的两位科学家，是以怀疑主义的眼光在看待海森堡[1]的原则。普朗克[2]相信，进一步的研究会扫除异端，而爱因斯坦把那些根基于此的哲学观念描述为“文学”。我想，这恐怕只是他把这些哲学观念称为胡言乱语的委婉说法罢了。物理学家告诉我们，物理学进步神速，只有精密地研究期刊文献才能与时俱进。以如此不稳定的学科所揭示的原则为基础建

---

1. 沃纳·卡尔·海森堡（Werner Karl Heisenberg，1901—1976）：德国物理学家、量子力学的主要创始人，1932 年诺贝尔物理学奖得主。

2. 马克思·卡尔·恩斯特·路德维希·普朗克（Max Karl Ernst Ludwig Planck，1858—1947）：德国物理学家、量子力学的主要创始人，1918 年诺贝尔物理学奖得主。

立一种理论，确实是轻率的事。薛定谔[1]自己就指出，现在要对这个问题做出最终而全面的判断是不可能的。普通人有理由变成骑墙派，但如果他们把双腿放在宿命论那一边晃荡，倒可能是谨慎的。

1. 埃尔温·薛定谔（Erwin Schrödinger，1887—1961）：奥地利物理学家、量子力学奠基人之一，发展了分子生物学，1933年诺贝尔物理学奖得主。

· 73 ·

生命的力量是旺盛的。伴随生命之力而来的喜悦之情，抵消了人们所遭遇的痛苦和艰难。生命力使人值得活下去，因为它在内心发生作用，并且以其自身光明的火焰点亮每个人所处的环境，使无论怎样不能忍受的环境，都变得可以忍受。很多悲观主义的发生，都是因为你把设想自己是别人时的感觉加到了他们身上。这种情形（还有很多别的情形）使小说显得很虚伪。小说家自其私人的世界建构起一个公共的世界，赋予他想象的人一种敏感性、一种沉思的力量以及一种感情的能力，这些都是小说家特有的。很多人的想象力少得可怜，他们没有遭受富有想象力的人不能忍受的那种环境之苦。譬如说，穷人的生活缺少隐私，对我们这些看重隐私的人来说，似乎显得很可怕，但穷人本身却并不这样认为。穷人讨厌孤独，生活在众人之中，给他们一种安全感。每一个跟他们在一起生活的人，都会注意到，他们是多么不羡慕有钱的人。事实上，他们不需要许多我们认为必备的东西。这对富有的人是幸运的。因为，凡是没有看到大城市里贫民的生活中，一切都显得可怜而混乱的人，就是瞎了眼睛。人们很难承认，人竟会找不到工作做，工作竟会是那样可怕，他们，以及他们的妻子和他们的孩子竟要生活在饥饿的边缘，而到最后，除了穷困外，竟没有什么可期望的。假如只有革命可以弥补这一点，那么让革命到来，并且快些来临吧！当我们看到，如今在所谓文明的国家里，人们仍旧互相残忍相待时，如果我们说现在的国家比以前好，那就显得有点轻率了。如果我们认为，现在的世界，比起我们在历史上看到的世界，是一个更适合生活的地方，而大部分人的命运，纵然恶劣，却比以前要好，这似乎并不是愚昧的想法。而人们可能合理地希望，随着知识的增加，随着残忍迷信和陈腐传统的抛弃，随着一种更真实的慈爱感的形成，人类身受其苦的罪恶就会减少乃至绝迹。但很多罪恶必定会继续存在。我们是自然的玩物。地震会继续蹂躏人类，旱灾会继续毁坏谷物，而无法预知的洪水会继续破坏人类精心设计的建筑。唉，人类的愚蠢还将继续以战争的方式毁灭国家。不能适应生活的人类将继续诞生，而生活对他们来说将是一种负担。只要有人强、有人弱，弱者就会被淘汰，只要人类的占有欲还存在（我敢说，这种占有欲会像诅咒，会和人类一起存在），他们就会从那些没有力量的人那里，夺取他们所能获取的东西。只要他们有独断专行的本能，他们就会以别人的快乐作为代价来行使这种本能。简而言之，只要人类仍旧是人类，他们就必须准备面对他们所能忍受的一切悲苦。

罪恶并不能加以解释。我们必须把罪恶看作是整个宇宙秩序的一个必要成分。忽视罪恶是幼稚的，悲叹罪恶是愚蠢的。斯宾诺莎称“怜悯”是懦弱如女人的表现，这种说法出自这位温柔而朴实的人之口，是一个有些刺耳的声音。我想他是认为，对你无法改变的事抱持强烈的态度，只是浪费感情而已。

我不是一个悲观论者。老实说，我如持悲观论，那会是荒谬之举，因为我是一个幸运者。我常怀疑我的幸运。我很清楚，很多比我更值得拥有幸运的人，并没有像我一样拥有快乐的命运。一件意外接着另一件意外地发生，可能会改变一切事物，可能会使我受到挫折，就如同拥有跟我一样（或者更伟大）的才赋，拥有跟我一样机会的很多人受到了挫折一般。假如他们之中有人读到这些文字的话，我希望他们能相信，我并不是高傲地把我得到手的东西，认为是我的优点所赐，我把它们归功于我不能加以说明的不可能的环境中的某些系列事件。虽然生理上和精神上都有局限，但我还是高兴自己活着。但这种生活我却不愿再度尝试。那不会有什么意义的。我并不愿意再度经历我所遭受的痛苦。因为我天生的缺陷，我遭受的痛苦，多于我享受的生命中的愉快。但是假如我生理上没缺陷，拥有更强壮的身体和更好的头脑，那么我就不会介意再度投入这世界。现在展现在我们面前的岁月，看来好像会很有趣。如今的年轻人走进生活的天地时，具有我同时代年轻人所没有的长处。他们遭遇的传统约束较少，他们已经意识到年轻的价值有多大。我二十岁到三十岁的世界，是一个中年人的世界，年轻是一段要尽快经历的时期，以便到达成熟的地步。现在的年轻人，至少在我所属的中产阶级来看，似乎准备得较充分。他们学到很多对他们有用的东西，然而我们那时却要尽可能去自我学习。现在两性间的关系比以前更正常了。而年轻的女人，已经学会做年轻男人的伴侣了。我们这一代人，从那个曾经发生过女性解放运动的年代而来的人，要面对的一个困难是：女人已经不再早早地就成为主妇和母亲了，她们过着与男人分离的生活，只关心她们特有的兴趣，并且试着要参与男人的事务，而实际上又没有这种能力。她们乐于承认自己不如男人，却要求人们给予她们应有的关注。同时，她们又坚持她们的权利，她们新争取到的权利，要参加男人们的活动。但她们所知道的，却仅够使她们成为让人讨厌的累赘。她们不再是家庭主妇，她们还没有学会去做良好的伴侣。对一个年纪大的绅士来讲，只有现在的年轻女孩是令人愉快的，她们如此能干，如此自信，她们能处理办公事务，打激烈的网球比赛，聪明地关心公共事务，她们能够欣赏艺术，并且准备好自立，以冷静、精明而忍耐的眼光面对生活。

我绝无资格穿戴先知的斗篷，但我想，显然地，这些正在走进世界的年轻男女，一定会冀望那种将要改变文明的经济变化之来临。很多在战前处于壮年的人，眷顾着安适、受庇护的生活，就像法国大革命的幸存者回顾着旧时王朝的繁华一样。这些年轻人是不会了解这种生活的。他们不晓得何谓“生之甜蜜”。我们现在生活于大革命前夕。我不能怀疑下层阶级在不断地意识到他们自身的权利之余，最后会相继在各个国家攫取权力，而今日的统治阶级只是对这些逼人的力量继续作无效地挣扎，并不去为他们的将来而尽力去训练群众，以便在被强夺政权时，命运不会像在俄国所遭受的那么残忍。几年前，迪斯雷利（Disraeli）就告诉过他们要怎么去做。我必须坦白地说，我希望目前的状态，在我有生之年里继续维持下去。但我们生活在一个瞬息变化的时代，可能我会看到西方国家改变体制。我认识一个俄国流亡者，他告诉我说，他失去地产和财产时，大为失望，但两星期以后，他就重新恢复了平静，再也不去想他被夺去的东西了。我认为，我对自身的各样所有物并没有什么眷恋之情，会使我为其消失而久久感到悔恨。假如这样的事物状态在我的世界里出现，我会设法自我适应。假如我发觉生活达到不可忍受的程度，我想，我不会缺乏勇气去离开我再也不能尽情扮演自己角色的舞台。我不晓得，为什么很多人惊惧地避开自杀的念头。把自杀认为是懦夫行为，简直是荒谬。当生命只能给予痛苦和不幸时，自愿结束生命，是我所赞成的。普林尼（Pliny）不是说过，你想要终结生命就能获得的力量，是上帝在生命的所有苦难中，给予人们的最好恩赐？把认为自杀破坏神律，而因此视为犯罪之举的那些人放开不谈，我想，自杀引起很多人愤怒的理由是，自杀愚弄了生命力，并且忽视了人类最强的本能，而为其保存人类的力量投下一层可怕的怀疑的阴影。

我将借着这本书，以详细的纲要来完成我的生活模式。假如我还能活下去的话，我将再写几本书，为的是自娱，同时也为的是希望愉悦我的读者们，但是我并不认为这些书能为我的计划增加一些实质性的东西。房子建好了，还要一些附加物，譬如，一个阳台，人们可以在上面观赏美景，或者一个凉亭，溽暑中可以在里面沉思。但假如死神攫我而去，使我不能建筑这些附加物，而拆屋人可能在讣闻中得知我的下葬日期，并在第二天就开始拆毁我的房子，但房子已经建成了。

我以欢乐的心情，期待着老年的到来。阿拉伯的劳伦斯被杀害时，我看到一篇朋友写的文章说，他习惯超速驾驶摩托车，希望在他仍然充分拥有力量时，因为一次意外结束自己的生命，以免老年时受人轻蔑。假如此事为真，那么这是他奇异而有点戏剧性的性格里含有的一大弱点。这显示出理性的欠缺。因为，完整的生活、完美的模式，除了包括青春与成年外，也包括老年。清晨之美丽，正午之辉光，固是美好的事物，但假如一个人拉上窗帘，打开灯来，为的是摒弃黄昏的宁静，那他就是傻人一个了。老年有其愉快之处，虽与青年的愉快不同，却不减于青年之愉快。哲学家常常告诉我们说，我们是热情的奴隶，而脱离热情的控制，难道是小事吗？愚人的老年是愚昧的，但他的青年时代也是愚蠢的。年轻人恐怖地回避老年，因为他们想，到达老年时，他们仍会渴望那些使他年轻时显得多变而有风味的事物。他们错了。真的，老年人不能再爬阿尔卑斯山，不能在床上与美丽的女孩子翻滚嬉戏。真的，他们确实不再能引起别人的欲望了。一到老年，你就可以免除单相思之苦和嫉妒心的折磨。到老年时，你就可以扑灭你的欲望之火，以缓和那常常毒害年轻人的嫉妒之心。但这些都是消极的补偿；老年也有积极的补偿，听起来可能似是而非，其实老年人是拥有较多时间的。我年轻时，在书上看到普鲁塔克说，老加图在八十岁时才学习希腊文，我感到惊奇。现在，我不再感到惊奇了。老年的时光，可以从事年轻时因需要太长时间而逃避的事情。老年时，品味提升了，人们就可能不会带有年轻时歪曲其判断的偏见，去享受艺术与文学。老年有其自我实现的满足。老年脱离了人类自我主义的束缚，最终自由了，灵魂在短暂的时刻里获得欢愉，但并不要求停留。老年完成了生活的模式。歌德要求死后的存在，这样他就可以去发展他觉得在生活中没有发展的那些方面。但他不是说过，凡要得到什么成就的人，必须学习自我限制吗？你读他的生活传记时，禁不住要为他把时间花在微不足道的事务上的方式所震惊。假如他更小心地自我限制的话，他就可能会发展出所有真正适合他特别个性的事物，而发觉并不需要来世生活。

· 74 ·

斯宾诺莎说，一个自由人想到死亡的时候总会比别的事情要少。这事不用细说。但很多人却在逃避考虑死亡这个问题。那是愚笨之举。为这个问题下决断才是明智之举。除非一个人面临死神，不然就不可能知道，他到底是否惧怕死亡。我常常试着去想象，假如医生告诉我，说我得了不治之症，并且活不了多久，我会有什么感觉。我让自己创造的每个不同角色说出这种感觉，但我晓得，这样我就把他们戏剧化了，我并不清楚他们的感觉是否真正是我自己的感觉。我想，我对生活并没有一种很强的本能把握。我患过许多严重的病，但只有一次意识到离死神不远。那时我太疲倦了，以至不会感到恐惧，我只想停止挣扎。死是不可避免的，人们怎么去面对它，并没有什么重大关系。我认为，假如一个人希望他自己不去知晓死亡的迫近，希望足够幸运地，毫无痛苦地进入死亡之域，那么他并不应该受人责备。

我常常太沉溺于将来，所以至今我的将来虽然已显得很短，但我还是不能除去这种习惯，我的心灵以一种满足之情，期望在无限的岁月里，完成我试着去铸造的生活模式。有时候，我心中跳跃着对死亡的渴望之情，以至我都可以像投向爱人怀抱那样，飞奔向死亡了。死亡给了我热情的悸动，一如很久以前生命所给我的一样。我为死亡的思想所醉。死亡似乎赐予我最终和绝对的自由。但无论如何，只要医生能够使我保持可容忍的健康情况，我还是很愿意继续活下去的。我享受世界的景色，我对将要发生的事感兴趣。与我自己同时并行着的许多生命都在自然地发展，使我在反省时不断提供给我精神食粮，同时也坚定了我很久以前形成的理论。离开我的朋友，我会感到难过。我对我曾经引导与保护的一些人的幸福，不能漠不关心。但是他们在依赖我很长一段时间后，却应该去享受他们自己所拥有的自由了，不管这自由会引导他们到何处。我已长久在世界上占据一个地方，知道别人不久就要占有这块地方，我感到心满意足。毕竟，生活模式的主旨是：模式必须加以完成。当所增加的东西会损害其设计时，艺术家就要离开了。

但现在假如有人问我，模式的用途或意义是什么，我会回答说：没有。这模式只是因为我是一个小说家，为生活之无意义强加进的某种东西。为了自己的满足、为了我的愉悦，以及为了满足那种有如机体需要的感觉，我按照某种设定塑造了我的生活，有起头，有中间，有结尾。就如同我根据从各处所见的人，来构建一个剧本、一本小说，或一篇故事那样。我们都是自己性情和环境的产物。我并没有造出我认为最好的模式，那甚至不是我所喜欢的模式，而只是一种似乎行得通的模式。世界上还有比我更好的模式。文学家们有一种自然的幻想，他们认为最好的模式是农夫们的模式，他们犁田收割，他们享受其劳力的结果，享受他们的闲暇，他们恋爱、结婚、生子、死亡，但我相信，我并不仅为这种幻想所影响。在那些受到眷顾的土地上，大地并不需要过分的劳力就有丰饶的产出。在那儿，个人的快乐和痛苦就是人类容易有的快乐和痛苦。每当我观察那些生活在土地上的农民时，我就想，完美的生活在那儿完美地实现了。在那儿，生命像一个美好的故事，在一条坚实而连贯的线索里进行着。

· 75 ·

人类的自我主义，使他不愿意接受生命的无意义，他不愉快地发觉，当他不再能相信自己曾经能促进的那种更高的力量时，他就会在增加当下幸福的那些价值之外，构建另外的价值来赋予生命意义。岁月的智慧选择了三种最有价值的。为价值本身而追求这些价值，似乎给了生命某种意义。虽然我们几乎要确信，这些价值也有一种生物学上的实际作用，但它们表面上却有一种公平无私的性质，给人们一种幻想，以为借着它们，就可以逃脱人性的枷锁。这些价值的高贵性增强了人们精神意义的不确定感，而不管结果如何，价值的追求似乎证明了他们的努力是正当的。因为人们不知道他们的生命旅途还有什么其他目的地，所以就自我劝说：这是他们值得到达的广阔沙漠中的绿洲，并且在那儿能得到休息，找到问题的答案。这三种价值就是：真、美、善。

我有一个想法，“真”之所以能得到一席之地，是为了修辞。人类赋予“真”以伦理上的性质，譬如，勇气、荣誉和精神的独立，这些确实经常在人类坚持真理时表现出来，但实际上却跟真理没关系。人类在真理之中，发现有一个自行其是的伟大时机时，就会无视真理所需要的任何牺牲。那时他们的兴趣是在他们自己，而不是在真理本身。假如真理是一种价值的话，那是因为真理是真实的，而不是因为谈论真理是勇敢的。真理是有关判断的一种特征，所以人们会认为，其价值在于判断，而非真理自身。一座连接两个大城市的桥，会比一座从一个荒野通往另一个荒野的桥更重要。假如真理是一种终极价值，那么奇怪的是，似乎没人知道真理的价值。哲学家们仍然在为其意义争吵着，反对的人们彼此冷嘲热讽。在这种情形下，普通人必须置之不理，而满足于普通人的真理。它很谦虚，而且仅仅对特殊的存在表达意见。真理是事实的赤裸叙述。假如真理是一种价值，那么人们必须承认，真理本身是最容易被忽视的了。在真理被合理抑制的领域，伦理学著作列出了长长的单子，而这些书的作者原本可以省去这个麻烦。很久以来，岁月积累而来的智慧就已经确定，并非所有真理都是美好的。人类常常为了虚荣、舒服和利益，牺牲了真理。他们不是靠真理，而是靠伪装活着。而有时我想，他们的理想主义只是一种努力，借着这种努力，他们把真理的威信附加在他们为满足自大而创造出来的虚构事物上。

· 76 ·

“美”的处境要稍微好一些。许多年以来，我都在想，只有美给了生活以意义，对于生活在地球表面、代代相继、熙熙攘攘的人群来讲，唯一可以归属于他们的目的是：时不时地产生一个艺术家。我心想，艺术品是人类活动的最高产物，是对人类所有的苦难——无休止的劳碌和受挫的奋斗——的最终辩护。所以米开朗琪罗才会在西斯廷教堂（Sistine Chapel）的天花板上画些人物，所以莎士比亚才会写出些戏剧的对白，济慈才可能写出颂歌，不可计数的人们在生活，在受苦，在死亡，我认为这是值得的。虽然后来我把美好的生活，包括在唯一给予生活意义的那些艺术作品里，从而缓和了这种夸张说法，但我仍然尊重这种美。而所有这些观念，我已经抛弃很久了。

我首先发现，美是一个句号。在我想到美好的事物时，我发现除了注视和敬慕外，再也没什么好做的了。美好事物给我的情感是剧烈的，但我不能保有这种情感，也不能无限地重复这种情感，世上最美好的东西最终还是会使我厌倦。我发现自己从更具试验性的作品里能得到更持久的满足。因为这种作品没有达到完美的境地，所以它们为我的想象力提供了更大的活动空间。在最伟大的艺术品里，一切都被实现了，我不能给予什么，而我不安定的心灵厌倦了被动的沉思。我想，美就像山峰的顶端，你爬上山顶时，除了下来外，不能再有什么作为。完美有点索然无味。我们最好不要达到我们所追求的完美境地，这也是人生不小的讽刺。

我想，我们所谓的美，是指满足我们审美感的东西（精神的或物质的，较常是物质的）。这句话所能告诉你的，就如同人家告诉你水是湿的时，你对水所能了解到的程度，如是而已。我读了很多书，想发现权威们为了让此事更加明白时说了些什么。我很熟悉许多沉迷于艺术的人。但我从这些人和书本里，恐怕学不到很多对我大有益处的东西。有一件特别古怪的事，迫使我注意到：在对美的判断里，没有永恒性。博物馆里充满了某一个时代里最具品位的人认为美丽的作品，但我认为这些东西现在已无价值了。在我的一生里，我看过美从不久以前还是美妙的诗和画中蒸发掉，就如同晨光前的白霜一样。虽然我们会有自负心，但我们几乎无法认为自己的判断就是最终的判断。我们认为美丽的东西，在另一个时代里，无疑会被人加以蔑视，而我们现在加以轻视的东西，可能将来会身价百倍。唯一的结论是，美是与特定时代的需要成比例的，在我们认为美丽的事物上，去检视绝对美的特质是无益的。假如美是赋予生命意义的价值之一，那么它本身就是一件常常在改变而致不能加以分析的事物，因为我们不能感觉到我们祖先所感觉的美，就如同我们不能嗅到他们所嗅到的玫瑰香味一样。

我试着从写过有关美学作品的作家中找出：在人性中，是什么使我们能够得到审美上的情感，以及这情感的真正面目是什么。我们通常会谈论审美本能，这名词似乎使美在人类的原动力中占据了一个地位，就像饥饿与性一样，同时这名词又赋予它一种特质，能够满足对统一性的哲学渴求。所以美学是源自一种表现的本能、一种充沛的生命力、一种对于绝对的神秘感，以及其他等我所不知道的。我应该说，美学完全不是一种本能，而是一种身心的状态，它一部分建立于某些强烈的本能之上，却结合以进化过程的产物——人类特性，以及人生的共同处境。美学的本能跟性的本能有很大的关系，这似乎可以从下列这个大家通常都承认的事实看出来：那些具有异常精妙审美感觉的人，在性欲上都从正常偏离到极端，时常会到病态的程度。在身心的构造中，可能有一种东西能把某些音调、某些韵律以及某些颜色，变得对人类特别有吸引力，因此我们对于我们认为美丽的东西的构成要素，就可能用一种生理上的理由来说明了。但我们也发现，感觉事物美丽，是因为它们使我们想起已往爱过的东西，或者因为时光的流逝赋予了情感价值的物体、人或地方。我们发现事物美丽，因为我们认识它们，相反地，我们发现事物美丽，是因为它们的新奇使我们惊讶。所有这些都意味着，因为相似或反差带来的联想，丰富地进入审美的情感中。只有联想，才能解释丑的美学价值。我不知道是否有人研究过时间对美之创造的影响。时间对美之创造的影响是，不仅在我们较为熟悉事物时，渐渐看到它们的美，而且是以后的时代在其中得到的乐趣又会增加它们的美。我想，那就是为什么现在明显地具有美的某些作品第一次面世的时候，却并没有吸引那么大的注意力。我有一个想法，认为济慈的颂歌，现在比他写出来的时候还要美。这些颂歌因为有人在其可爱中找到慰藉和力量，而变得更丰富了。因此，我绝不认为审美情感是一种明确、简单的事情，我想，那是一种很复杂的，由各种不同的、时常是矛盾的要素组成的事情。美学家说，你不应该因为一张画或一首交响乐，使你充满了情欲的亢奋，或者，使你想到忘怀很久的情景而心软流泪，或者由于联想，使你产生神秘的狂喜。这种说法没什么意义。一张画或一首交响乐，就是会使你有这样的反应，而这些反应就如同在平衡和构图里的客观满足一样，是审美情感里重要的部分。

一个人对伟大艺术作品的确切反应是什么？譬如说，一个人看着罗浮宫里提香的《埋葬基督》，或者聆听《名歌手》里的五重奏时，他的感觉如何？我知道我的感觉如何。那是一种兴奋之情，给我一种狂喜之感，是智力上的，却充满着官能感，一种幸福感，在这种幸福感里，我似乎意识到一种权力感和一种解脱人间束缚的自由感。同时，我自己感到一种富于人类同情的温柔；我感到安宁，和平，然而精神上却是超然的。实在说，我在看某些图画或雕像，或聆听某种音乐时，会有一种很强烈的感情，强烈得使我仅能以神秘主义者描写的与上帝结合时所用的相同字眼来形容。这就是为什么我认为，这种与更广阔的现实相通的感受，不仅是具有宗教信仰者的特权，还可以通过祈祷和断食以外的途径获得。但我问自己，这种情感有何用处？当然，这种情感令人愉悦，而愉悦本身就是美好的，但，是什么使它比任何其他的愉悦更加优越，优越得以至于称它为愉悦，便似乎是在贬低它的价值呢？杰尔米 · 边沁说：什么种类的幸福都一样好，假如愉悦的总量相等的话，一枚图钉跟一首诗是一样好的。这些话，不会显得太愚蠢了吗？神秘主义者对这个问题所给的答案并不含糊。他们说狂喜并无价值，除非狂喜加强了性格，并且使人更有能力从事正当行为。其价值在于起了作用。

我长久生活在富于审美敏感的人群中，这是我的命运。我现在不是在谈创造者，我认为，在创造艺术的人和享受艺术的人之间，有很大的差异。创造者生产，因为在他们体内有一种冲动，迫使他们去把其个性具体化。假使他们生产的具有美的成分，那只不过是偶然而已，美并非他们特殊的目的。他们的目的，是使他们的灵魂摆脱那有压迫性的重荷，他们所使用的工具是笔、颜料或黏土，他们天生就有能力使用这些工具。我现在谈到的是，以艺术的沉思和欣赏为其生活要务的那些人。我在他们身上并没发现很多令人敬慕之处。他们虚荣而自满。他们不适合从事实际的生活事务，却会小看那些谦卑地从事着命运强制给他们平凡职务的人。他们读了很多书，或者看了很多画，所以认为自己优于别人。他们用艺术来逃避生活现实，而在其对普通事物的痴愚轻视中，否认了人类基本活动的价值。他们实在不比瘾君子好多少，甚至还更糟，因为瘾君子无论如何，都不会将自己置于高台之上俯视人间。艺术的价值，像神秘主义的价值一样，在于其效果。假如艺术只能给予愉悦（不管那愉悦是多么地富于精神价值），那么它就没有什么伟大的重要性，至少不会比一打牡蛎和一品脱的葡萄酒有更大的重要性。假如艺术能给人一种安慰，那就足够好了；这世界充满了不可避免的罪恶，最好，人类应该有某种遗产，使他们可能时常退隐其间，但并不是去逃避罪恶，而是要获取新生的力量来面对罪恶。因为假如艺术被考虑为一种伟大的生活价值的话，它必须教人类以谦虚、容忍、智慧和雅量。艺术的价值不是美，而是正确的行为。

假如美是一种伟大的生活价值的话，那么我们似乎难以相信，使人类能够欣赏美的那种美感，却仅仅是一个阶级的特权。我们不可能坚持说，一种仅仅为少数被选中的人所享有的某种形式的感受，能够成为人类生活的必需品。然而，这却是美学家们所宣称的。我必须坦白承认，我在愚蠢的年轻时代，认为艺术（我把自然之美也包括在其中，因为正如现在一样，我坚持，自然的美是人类构建成的，正如人类构建图画和交响曲一样）是人类努力的最高成果，是人类生存的理由时，以为美只能由少数被选中的人所欣赏，而这一想法给了我一种特殊的满足。但这个想法很久以来就不合我的口味了。我不能相信，美是某派人物的占有物，我总认为，一种艺术的表现，假如只对一些受过特殊训练的人有意义，那这种艺术的表现就像它所讨好的一派人那样不足取。艺术只有在每个人都可能享受它时，才显得伟大而有意义。一个派别的艺术只不过是一种玩物而已。我不知道，人们为什么要区分古代艺术和现代艺术。事实上只有“艺术”而已。艺术即生活。借着详细讨论一件艺术品的历史、文化或考古学的信息，而设法给予那艺术品以生命，这是无意义的，一个雕像是由一个古代希腊人，还是由一个现代法国人雕琢而成的，那没有什么关系。雕像的唯一重要性是，它应该在各方面给我们美学的悸动，而这种美学的悸动应该感动我们去工作。假如美学悸动不仅仅要成为一种自我陶醉和一种自我满足的机会，那它就必须增强我们的性格，而使之更适合正当的行动。虽然我很不喜欢从这里头所获得的推论，却禁不住接受了这种推论，这推论就是：艺术品必须由其成果来判断，而假如其成果不佳的话，艺术品就没价值。艺术家只在他们无意时才能达到这个效果，这是个奇妙的事实，这事实必须被认为是事物的本质而加以接受，我对这事实也说不出理由来。一个艺术家在没想到他是在传道时，他所传之道才会变得最有效果。蜜蜂为它们自己的目的生产蜂蜡，而没有意识到人类会将其做各种用途。

· 77 ·

似乎我们不可能说，真或美具有本质的价值。善呢？但在谈到善之前，我要谈到爱，因为有些哲学家认为，爱包括其他各种本质，认为爱是人类价值中最高的。柏拉图主义和基督教联合起来，给了“爱”一种神秘意义。对于这个字眼的联想，赋予爱一种情感，使它比单纯的善更令人兴奋。比较起来，善是有点无味。但爱有两种意思，纯粹和简单的爱，也就是性爱，以及慈爱。我认为甚至柏拉图也没有确切地把这两者分开来。我想，他把伴随性爱的狂喜、权力感、高度活力之感觉，归加于他所谓天堂般之爱（我宁愿称这为慈爱），而这样，他就以世俗之爱的根深罪恶，感染了天堂般之爱。因为爱会消失。爱会死去。人生的大悲剧并不是人类灭亡，而是他们不再去爱。生活上一个很大的罪恶，并且少有救药的罪恶是，你所爱的人不再爱你了。拉罗什福科[1]发现，在两个爱

1. 拉罗什福科（La Rochefoucauld，1613—1680）：法国思想家、格言体道德作家，著有《回忆录》《道德箴言录》。

人之间，有一个爱对方，另一个被爱，就以箴言的形式，指出这种不和谐状态，一定会妨碍人类在爱中获得完美的幸福。不管人们会多么憎恨，多么愤怒地否认，但确切无疑的是，爱是依靠性腺的某种分泌物决定的。绝大多数人的性腺并不会无限地持续为同一件事物所刺激，并且随着年纪的增加，性腺会萎缩。人在这方面显得很伪善，并且不去面对事实。当他们的爱，衰减为他们所描述的坚固而持久的情感时，他们就欺骗自己说，他们能满足地接受这种情况。好像情感与爱互有关系似的！情感是由习惯、利益的一致、方便和陪伴的需求创造出来的。它是一种安慰而不是一种狂喜。我们是变化的动物，变化是我们呼吸的空气，而我们最强烈的本能有可能免于这种法则的约束吗？今年的我们和去年的我们并不同，我们爱的人也是一样。假如我们在改变中，继续去爱一个改变过的人，这是一种可喜的偶然。在大部分的场合里，因为我们自己在改变，我们就不顾一切，悲惨地努力在一个已经改变的人身上爱我们从前爱过的那个他（她）。只是因为爱攫住我们时，其力量似乎很强大，所以我们劝说自己，爱会持久下去。当爱退潮时，我们感到羞耻，我们因为受骗，所以为自己的弱点而谴责自己，然而，我们应该承认，心的改变是我们人性的自然结果。人类重重的经验已使得他们以混合的感觉去看待爱。他们已经在怀疑爱。他们就像以前赞美爱一般去诅咒着爱。人类的灵魂挣扎着要得到自由，除了短暂的时刻外，他们把爱所要求的自我牺牲，认为是恩典的跌落。爱所带来的幸福，可能是人类有能力得到的最大幸福，但爱很少是纯粹的。爱所写下的，通常是结尾悲伤的故事。很多人憎恨爱的力量，愤怒地祈求脱离其重荷。他们紧抱着枷锁，但因知道它们是枷锁，也同时憎恨着它们。爱并不常是盲目的，再也没有比全心去爱一个你知道并不值得爱的人，能引起更大的悲惨了。

但慈爱并没有染上爱的不可救药的缺点——短暂。慈爱并不完全缺乏性的元素，这是事实。慈爱就像跳舞，人们是为了韵律动作的愉悦而跳舞，他们不用希望跟其舞伴上床，但只有在跟舞伴上床不使人恶心时，跳舞才是一种令人愉快的运动。在慈爱里，性的本能升华了，但性的本能给予慈爱一种自身温暖的成分和一种有活力的能量。慈爱是善的重要组成部分。它为善本身所包含的严肃特质赋予了慈悲，使善较易实行其次要的美德——自我控制和自我节制、耐心、纪律和宽容——这些都是善的消极而不太令人狂喜的元素。善似乎是表面世界里，唯一自身配得上是一个目的的价值。美德就是其自身的报酬。我自己羞于下这样一个普通的结论。我有追求效果的本能，应该会喜欢以某种惊人而似是而非的宣言，或者以我的读者会认为是我的特色而一笑置之的冷嘲，结束我的书。似乎除了在习字簿看到的或者在讲道坛听到的外，我很少有什么可说的。我已迂回地走了很长的路，为的是要去发现每个人都已经知道的事。

我自己很少有敬畏感。世上的敬畏太多了。很多不值得敬畏的东西都要求敬畏。我们对于不愿发生积极兴趣的东西，经常给予常规的敬意。我们所能给予过去的伟大人物——但丁、提香、莎士比亚、斯宾诺莎——的敬意，并不是以敬畏的态度待之，而是设想他们与我们是同时代的人，而以应该有的亲近态度待之。这样我们就给了他们所能给予的最高赞美了。我们的亲密态度承认，他们对我们来讲是活生生的人。但当我不时遇到真正的善时，心中就自然生起敬畏之情。因此，少数拥有善的人，虽然可能有时比我希望的还略微缺少点智慧，但那似乎并不要紧了。在我孩提时代感到不快乐时，通常会夜夜做梦，梦到我在学校的生活，梦到我会醒过来，发现我又在家跟母亲在一起。母亲的死是我五十年来一个还没完全治愈的创伤。我已好久没做那个梦，但从没失去这样一个感觉：我的生活是海市蜃楼，我在海市蜃楼里做这做那，因为事情就是这般发生的，甚至我在海市蜃楼里表演角色时，我还可以从远方眺望着它，而知道那是海市蜃楼。我回顾我的生活时，发觉里头有成功，有失败，有无尽的错误，有欺骗和成就，有快乐和悲哀，但奇怪的是，在我看来就是缺乏现实性。那是虚无如影而无实体感觉的生活。可能，我的心找不到休憩的地方，也就对上帝和与我的理性相违背的永生，有了某种祖传的渴望。由于缺少较美好的东西，我想，有时我可能自己骗自己说，我在人生路上邂逅的很多人身上遇见的善，会有真实性。也许，我们在善中可能看到的，并不是生命的理由，也不是生命的解释，而是一种罪过的减轻。在这个冷漠的宇宙里，从摇篮到坟墓，我们都被不可避免的罪恶所包围，善不可能是挑战或回应，而是我们自我独立的肯定。善是幽默向命运的悲剧性荒谬所作的反驳。善不像美，善能够显得完美，而不会有令人生厌之感，并且比爱还伟大，时间并不减少其喜悦之情。但善是表现在正确的行动里，而在这个无意义的世界里，谁可以说出，什么是正确的行动呢？正确的行动并不是追求幸福的行动，假如产生幸福的话，那是一种可喜的偶然。我们知道，柏拉图教他的智者放弃沉思的宁静生活，代之以实际生活的喧嚷，而把责任的要求高置于幸福的欲望之上。我想，我们所有人，偶尔都采取了一种生活方式，因为我们认为这种生活方式正确，虽然我们很清楚，这种生活方式，既不能在当时，也不能在将来，带给我们幸福。那么，什么才是正确的行动呢？就我个人来讲，我所知道的最好答案，是路易斯 · 德 · 莱昂修士给的。要理解这个答案并不难，人类的软弱也不至于在这个答案面前感到力有不逮而畏缩。我可以用这个答案结束本书。他说，人生之美，只不过是，每个人应该按照其性情和职分去行动。

图书在版编目（CIP）数据

毛姆写作回忆录 /（英）毛姆著；陈苍多译. —成都：四川文艺出版社，2019.8
书名原文：The Summing Up
ISBN 978-7-5411-5426-3

Ⅰ. ①毛… Ⅱ. ①毛… ②陈… Ⅲ. ①毛姆（Maugham, William Somerset 1874—1965）—回忆录 Ⅳ. ① K835.615.6

中国版本图书馆 CIP 数据核字（2019）第 123829 号

MAOMU XIEZUO HUIYI LU

毛姆写作回忆录

[英]毛姆 著　陈苍多 译

策划出品　磨铁图书
责任编辑　邓　敏
特约监制　张晓意
装帧设计　xtangs@foxmail.com
责任校对　汪　平

出版发行　四川文艺出版社（成都市槐树街 2 号）
网　　址　www.scwys.com
电　　话　028-86259287（发行部）　028-86259303（编辑部）
传　　真　028-86259306

邮购地址　成都市槐树街 2 号四川文艺出版社邮购部　610031
印　　刷　天津旭丰源印刷有限公司
成品尺寸　125mm×185mm　　开　　本　32 开
印　　张　9.75　　字　　数　220 千
版　　次　2019 年 8 月第 1 版　　印　　次　2019 年 8 月第 1 次印刷
书　　号　ISBN 978-7-5411-5426-3
定　　价　49.00 元

OWL 猫头鹰

阅读，认识你自己
Lege, temet nosce

001	《我生命里的光》	中村修二 著，安素 译
002	《当呼吸化为空气》	保罗•卡拉尼什 著，何雨珈 译
003	《刀锋》	毛姆 著，林步升 译
004	《圣诞男孩》	马特•海格 著，马爱农 译
005	《了不起的盖茨比》	菲茨杰拉德 著，徐之野 译
006	《为你，耶路撒冷》	拉莱•科林斯、多米尼克•拉皮埃尔 著，晏可佳、晏子慧、姚蓓琴 译
007	《街角的奇迹》	肯尼迪•欧戴德、杰茜卡•波斯纳 著，王楠 译
008	《你杀不死一只老狐狸》	大卫•豪沃思 著，静恩英 译
009	《个人的体验》	大江健三郎 著，王中忱 译
010	《树上的时光》	韩奈德 著，鲁梦珏 译
011	《彼得•潘》	詹姆斯•巴里 著，黄意然 译
012	《长腿叔叔》	简•韦伯斯特 著，黄意然 译
013	《津轻》	太宰治 著，吴季伦 译
014	《小说灯笼》	太宰治 著，陈系美 译
015	《小丑之花》	太宰治 著，刘子倩 译
016	《长夜漫漫路迢迢》	尤金•奥尼尔 著，乔志高 译
017	《夜莺书店》	维罗妮卡•亨利 著，王思宁 译
018	《简•爱》	夏洛特•勃朗特 著，陈锦慧 译
019	《乱时候，穷时候》	姜淑梅 著
020	《野性的呼唤》	杰克•伦敦 著，杨耐冬 译
021	《寻找更明亮的天空》	古尔瓦力•帕萨雷、娜德纳•古力 著，吴超 译
022	《荒野求生手册》	贝尔•格里尔斯 著，李璞良 译
023	《善心女神》	乔纳森•利特尔 著，蔡孟贞 译
024	《越过一山，又是一山》	特雷西•基德尔 著，钱基莲 译
025	《寂静的春天》	蕾切尔•卡森 著，黄中宪 译
026	《超越人类》	伊芙•赫洛尔德 著，欧阳昱 译
027	《无人岛生存十六人》	须川邦彦 著，陈娴若 译
028	《圣诞女孩》	马特•海格 著，鲁梦珏 译
029	《伤心咖啡馆之歌》	卡森•麦卡勒斯 著，赵丕慧 译
030	《心是孤独的猎手》	卡森•麦卡勒斯 著，赵文伟 译
031	《权力之路》	罗伯特•A.卡洛 著，何雨珈 译
032	《海的那一边》	梅丽莎•弗莱明 著，小庄 译
033	《了不起的身体重启术》	崎田美菜 著，田中千哉 监制，单元皓 译
034	《宅人瑜伽》	崎田美菜 著，福永伴子 监制，单元皓 译
035	《夜行》	森见登美彦 著，单元皓 译
036	《不抓狂人生指南》	艾米丽•雷诺兹 著，何雨珈 译
037	《荒野之狼》	赫尔曼•黑塞 著，阙旭玲 译